SUJEIÇÃO PASSIVA NO MANDADO DE SEGURANÇA E A AUTORIDADE COATORA

Tiago Bologna Dias

Prefácio
Carolina Zancaner Zockun

SUJEIÇÃO PASSIVA NO MANDADO DE SEGURANÇA E A AUTORIDADE COATORA

Belo Horizonte

2011

© 2011 Editora Fórum Ltda.

É proibida a reprodução total ou parcial desta obra, por qualquer meio eletrônico, inclusive por processos xerográficos, sem autorização expressa do Editor.

Conselho Editorial

Adilson Abreu Dallari
André Ramos Tavares
Carlos Ayres Britto
Carlos Mário da Silva Velloso
Carlos Pinto Coelho Motta
Cármen Lúcia Antunes Rocha
Clovis Beznos
Cristiana Fortini
Diogo de Figueiredo Moreira Neto
Egon Bockmann Moreira
Emerson Gabardo
Fabrício Motta
Fernando Rossi
Flávio Henrique Unes Pereira

Floriano de Azevedo Marques Neto
Gustavo Justino de Oliveira
Jorge Ulisses Jacoby Fernandes
José Nilo de Castro
Juarez Freitas
Lúcia Valle Figueiredo (*in memoriam*)
Luciano Ferraz
Lúcio Delfino
Márcio Cammarosano
Maria Sylvia Zanella Di Pietro
Oswaldo Othon de Pontes Saraiva Filho
Paulo Modesto
Romeu Felipe Bacellar Filho
Sérgio Guerra

Luís Cláudio Rodrigues Ferreira
Presidente e Editor

Coordenação editorial: Olga M. A. Sousa
Revisão: Leonardo Eustáquio Siqueira Araújo
Bibliotecária: Lissandra Ruas Lima – CRB 2851 – 6ª Região
Indexação: Ricardo Neto – CRB 2752 – 6ª Região
Projeto gráfico: Walter Santos
Diagramação: Derval Braga
Capa: Marina Santana

Av. Afonso Pena, 2770 – 15º/16º andares – Funcionários – CEP 30130-007
Belo Horizonte – Minas Gerais – Tel.: (31) 2121.4900 / 2121.4949
www.editoraforum.com.br – editoraforum@editoraforum.com.br

D541s   Dias, Tiago Bologna

Sujeição passiva no mandado de segurança e a autoridade coatora / Tiago Bologna Dias; prefácio de Carolina Zancaner Zockun. Belo Horizonte: Fórum, 2011.

186 p.
ISBN 978-85-7700-439-3

1. Direito administrativo. 2. Direito processual civil. 3. Direito constitucional. I. Zockun, Carolina Zancaner. II. Título.

CDD: 341.3
CDU: 342.7

Informação bibliográfica deste livro, conforme a NBR 6023:2002 da Associação Brasileira de Normas Técnicas (ABNT):

DIAS, Tiago Bologna. *Sujeição passiva no mandado de segurança e a autoridade coatora*. Belo Horizonte: Fórum, 2011. 186 p. ISBN 978-85-7700-439-3.

Ao meu pai, médico, que tratou meu passado, me vacinou quanto ao futuro e possibilitou que eu esteja aqui hoje contribuindo para o estudo do remédio heroico.

Àqueles que de alguma forma colaboraram para a concretização deste trabalho, em especial: à minha mãe, pela sempre importante participação em tudo que faço na vida; à colega, orientadora e amiga Dra. Carolina Zockun, pela impecável orientação científica; ao colega e amigo Dr. José Bezerra Soares, pela inestimável contribuição bibliográfica.

Agradeço aos Professores Coordenadores, Dr. Márcio Cammarosano e Dr. Clovis Beznos, aos Professores Assistentes com quem tive contato ao longo do curso e à Professora Orientadora, Dra. Carolina Zancaner Zockun, pela valorosa contribuição para o nosso crescimento acadêmico.

Sumário

Prefácio
Carolina Zancaner Zockun..11

Introdução...13

Capítulo 1
Mandado de Segurança – Noções Introdutórias........17
1.1   Conceito natureza e regime jurídico.....................................17
1.2   Evolução histórica e direito positivo....................................25

Capítulo 2
Conceitos Fundamentais Processuais.........................31
2.1   Ação..31
2.1.1   Espécies..33
2.1.2   Ação de mandado de segurança...37
2.1.3   Condições da ação..40
2.1.3.1 Possibilidade jurídica do pedido 42
2.1.3.2 Interesse de agir 43
2.1.3.3 Legitimidade de parte (legitimidade *ad causam*) 45
2.2   Processo e procedimento 51

Capítulo 3
Conceitos Fundamentais sobre Mandado de
Segurança 53
3.1   Direito líquido e certo...53
3.2   Não amparado por *habeas corpus* e *habeas data* 56
3.3   Ato de autoridade 57
3.3.1   Abrangência do conceito, ato administrativo, leis e atos
normativos em tese..57
3.3.2   Ato administrativo..64
3.3.3   Ato político 67
3.3.4   Decisão Judicial 70
3.3.5   Ato legislativo...72
3.3.6   Ato de particulares em atividade colaborada com o Estado...........76

Capítulo 4
Legitimidade Passiva em Mandado de Segurança e
Autoridade Coatora 81
4.1   Exposição das correntes doutrinárias 81
4.1.1   Pessoa jurídica 84

4.1.2	Litisconsórcio	90
4.1.3	Substituição processual	91
4.1.4	Autoridade coatora	92
4.2	Crítica às correntes doutrinárias	97
4.2.1	Pessoa jurídica	97
4.2.2	Litisconsórcio	120
4.2.3	Substituição processual	121
4.2.4	Autoridade coatora	124
4.2.5	Nossa posição	126
4.3	Conceito e considerações gerais sobre autoridade coatora	130
4.4	Competência administrativa e autoridade coatora	138
4.4.1	Limite hierárquico, avocação, delegação, revisão e encampação	141
4.4.2	Limite material	146
4.4.3	Limite territorial	147
4.4.4	Mudança de competência	148
4.4.5	Inexistência de declaração expressa de competência	149
4.5	Hipóteses específicas de definição da autoridade conforme o ato coator	150
4.6	Indicação errônea da autoridade coatora	154
4.7	Consequências da incorreção	159

Conclusão 165

Referências 173

Índice de Assuntos 177

Índice da Legislação 181

Índice Onomástico 185

Prefácio

Raras são as vezes em que o leitor se depara com uma obra que tenha desenvolvido o tema de forma tão profunda e, ao mesmo tempo, com um viés prático, somente possível àqueles que militam ou militaram ativamente na matéria. Assim é o trabalho do juiz federal Dr. Tiago Bologna Dias, que, de forma minuciosa, aborda a problemática da *Sujeição passiva no mandado de segurança e autoridade coatora*.

Com efeito, sua atuação como Procurador da Fazenda Nacional na área responsável pela condução dos Mandados de Segurança impetrados contra autoridades federais tributárias forneceu-lhe subsídios práticos para enfocar o tema com a proficiência dos estudiosos e dos pragmáticos do assunto.

Trata-se de dissertação com a qual obteve o título de Especialista em Direito Administrativo pela Pontifícia Universidade Católica de São Paulo, com nota máxima.

Como não poderia deixar de ser, o autor inicia o estudo da matéria a partir das noções introdutórias sobre mandado de segurança, e vai aos poucos desvendando os fundamentos, os sujeitos e o conteúdo da relação jurídica do *mandamus*, sempre com espírito crítico e abordagem das questões complexas do instituto.

A indiscutível relevância do tema se revela ainda mais presente quando o autor se propõe a apresentar suas inovadoras posições sobre a legitimidade passiva no novo regime do mandado de segurança (Lei Federal nº 12.016), dissentindo, de forma extremamente bem fundamentada, dos outros pensamentos doutrinários.

Assim, a obra apresentada tem, além de outras, a qualidade de enfrentar pontos singularmente polêmicos no pensamento jurídico nacional, propondo um inovador estudo multidisciplinar da matéria, versando com propriedade sobre a questão da competência em seus aspectos de Direito Administrativo, Direito Constitucional e Direito Processual.

O cunho prático, dantes aludido, é especialmente vislumbrado quando o autor analisa as hipóteses específicas de indicação da autoridade coatora conforme o ato coator e as consequências da sua indicação errônea.

Enfim, trata-se de obra de leitura obrigatória para os estudiosos e práticos do Direito, da qual tive o prazer de figurar como orientadora, mas que, por dever de justiça, cumpre confessar não me causou trabalho algum, de sorte que todos os méritos do livro são inteiramente do autor.

Carolina Zancaner Zockun

Professora de Direito Administrativo da PUC-SP. Procuradora da Fazenda Nacional.

Introdução

O mandado de segurança é uma espécie de ação constitucional que tem por fim a defesa célere e efetiva de liberdades públicas, subsidiariamente ao *habeas corpus* e ao *habeas data*. Do primeiro emprestou influência, sendo o segundo a ele superveniente, tendo em comum com todos eles uma concepção pragmática, extraída da necessidade. A necessidade de uma ação capaz de proteger de forma específica e com máxima efetividade direitos que não a liberdade de locomoção em face do Poder Público levou à construção, a partir de alguns institutos nacionais e estrangeiros, do original instituto do mandado de segurança.

Como todo fruto da necessidade, foi concebido e moldado a satisfazer sua demanda, sem maiores preocupações em perfeita adesão às balizas clássicas do ordenamento jurídico. Mais que a adesão às categorias tradicionais do Direito, o mandado de segurança tinha que ser efetivo.

Isso lhe conferiu inúmeras especificidades que lhe são singulares, destoantes do regime comum às ações judiciais, das quais decorrem infindáveis controvérsias teóricas e práticas, sendo uma delas a legitimidade passiva no mandado de segurança e sua relação com a autoridade coatora.

A questão é de suma relevância, pois tem direta influência na satisfação da necessidade que semeou a criação do mandado de segurança. O correto entendimento da sujeição passiva do *writ*, de um lado, e a correta indicação da parte passiva, de outro, são fundamentais à máxima efetividade da medida na proteção específica e célere de direitos que não a liberdade de locomoção em face do Poder Público.

Desta relevância decorre seu estudo em todas as disciplinas jurídicas nas quais se insere, notadamente: (i) o Direito Constitucional, já que se trata de uma garantia constitucionalmente prevista desde 1934; (ii) o Direito Administrativo, visto que ação de controle externo jurisdicional de atos do Poder Público, mormente de atos administrativos, buscando tutela em face de autoridade, agente público; (iii) o Direito Processual, pois ação judicial.

No âmbito do curso de especialização em Direito Administrativo da Pontifícia Universidade Católica de São Paulo, este importante instituto foi abordado em diversas oportunidades, sendo especificamente o tema deste trabalho objeto de debate em aula e questionamento em prova escrita.

Não obstante a evidente preocupação da doutrina acerca do tema, o enfoque que normalmente se dá à questão é unidisciplinar, o que, em nossa humilde visão, não leva a uma satisfatória apreciação do problema, já que, sendo o mandado de segurança um instituto jurídico multidisciplinar, sua solução se encontra numa análise integrada de todos os ramos do Direito pertinentes: Direito Constitucional, Direito Administrativo e Direito Processual, todos de importância fundamental, ainda que predomine o enfoque em um ou outro.

Da mesma forma que o cuidado extremo da saúde física com o descuido da saúde mental pode levar à doença, o cuidado extremo com um dos ramos do Direito pertinentes e o descuido de outro pode levar a construções e conclusões equivocadas, antijurídicas e enfraquecedoras do remédio heroico. Tanto na saúde do corpo quanto na do sistema jurídico, o tratamento unidimensional pode levar à via contrária à buscada.

Nessa ordem de ideias, o objetivo deste trabalho é propor ao problema da sujeição passiva no mandado de segurança e sua relação com a autoridade coatora uma solução que leve ao seguro e efetivo manejo desta ação constitucional, com a correta indicação da autoridade coatora ou sua correção, quando possível, evitando-se os graves problemas que possam decorrer de equívocos na indicação de sua parte passiva, mas sem que, com isso, se prestigie institutos jurídicos de um ramo do Direito em prejuízo dos de outro, tampouco se esteja preso a dogmas jurídicos clássicos incompatíveis com a originalidade e o pragmatismo desta ação constitucional.

Para tanto, valemo-nos de uma análise interdisciplinar dos três ramos do Direito pertinentes, analisando a doutrina de autores atinentes a cada um deles, a legislação de regência, inclusive a nova Lei do Mandado de Segurança, nº 12.016/09, e, em alguns pontos específicos, a jurisprudência, pautados, ainda, como não poderia deixar de ser, na experiência prática adquirida durante dois anos de exercício na assessoria jurídica para mandado de segurança do Procurador-Chefe da Fazenda Nacional em São Paulo, na qual exercíamos as atribuições funcionais de autoridade coatora, quando aquele era notificado como tal. Não obstante a indispensável interdisciplinaridade, não deixamos de enfocar com especial destaque a influência do Direito Administrativo à solução das controvérsias encontradas, sem a qual, a nosso sentir, a maioria delas teria equacionamento impossível ou flagrantemente inadequado. Com efeito, institutos-chave como "autoridade coatora" e "ato coator" são quase puramente de Direito Administrativo, o que demonstra a essencialidade deste ramo do Direito ao tema apresentado.

Inicialmente tratamos das premissas essenciais à abordagem do tema de fundo, introduzindo as noções básicas acerca do mandado de segurança, seu conceito, seu regime jurídico interdisciplinar, seu histórico, no qual abordamos influências do direito comparado, e sua evolução no direito positivo.

Após, tratamos dos conceitos essenciais de Direito Processual, como ação, processo e procedimento, com destaque especial à condição da ação legitimidade e institutos correlatos, abordando aspectos pertinentes específicos ao mandado de segurança e discutindo algumas controvérsias doutrinárias. A seguir, tratamos de conceitos essenciais específicos ao mandado de segurança, extraídos do art. 5º, LXIX, da Constituição, com especial atenção ao "ato coator", cujo entendimento é indispensável à inteligência da posição da autoridade coatora no mandado de segurança, não sem abordar o alcance do conceito, sua não aplicação aos atos normativos gerais e abstratos e leis em tese e sua adequação em face dos fatos administrativos, atos administrativos, atos políticos, decisões judiciais, atos legislativos e atos de particulares, abordando, ainda, as controvérsias existentes acerca do controle jurisdicional de tais atos pela via do *writ*.

Por fim, passamos ao cerne do estudo, expondo as diversas correntes doutrinárias sobre o assunto, analisando-as criticamente, argumento a argumento, e estabelecendo nossa posição pela sujeição passiva da autoridade coatora como parte em relação material própria e como substituta processual da pessoa jurídica ao mesmo tempo, firmada com respaldo na Constituição, nas leis do mandado de segurança, em sua evolução histórica e em construção que se pauta na teoria do órgão de Celso Antônio Bandeira de Mello, para distinguir pessoa jurídica, agente em sua posição funcional, órgão e pessoa física do agente.

Firmada a posição da "autoridade coatora" como parte, passamos a seu conceito e sua intrínseca relação com o instituto da competência administrativa, acerca da qual analisamos os limites (i) hierárquico — âmbito em que abordamos delegação, avocação e revisão —, (ii) material e (iii) territorial, sua mudança e a não declaração legal expressa, com destaque para seus efeitos sobre a definição da autoridade coatora. Após, analisamos hipóteses controversas de definição da autoridade coatora conforme a espécie de ato administrativo. Encerramos abordando o problema do erro na definição da autoridade coatora e sua possível correção.

Ao final, concluímos ter sido alcançado o objetivo traçado para esta pesquisa, de propor ao problema da sujeição passiva no mandado de segurança e sua relação com a autoridade coatora uma solução que leve ao seguro e efetivo manejo desta ação constitucional.

CAPÍTULO 1

MANDADO DE SEGURANÇA – NOÇÕES INTRODUTÓRIAS

Sumário: 1.1 Conceito natureza e regime jurídico – **1.2** Evolução histórica e direito positivo

1.1 Conceito natureza e regime jurídico

Adotamos como conceito de mandado de segurança o proposto por Hely Lopes Meirelles:

> Mandado de Segurança é o meio constitucional posto à disposição de toda pessoa física ou jurídica, órgão com capacidade processual, ou universalidade reconhecida por lei, para a proteção de direito individual ou coletivo, líquido e certo, não amparado por *habeas corpus* ou *habeas data*, lesado ou ameaçado de lesão, por ato de autoridade, seja de que categoria for e sejam quais forem as funções que exerça (CF, art. 5º, LXIX e LXX; Lei 1.533/51, art. 1º).[1]

Tal conceito coloca em destaque o caráter constitucional do mandado de segurança, como forma de proteção do particular em face dos atos do Estado ou de quem lhe faça as vezes. É fundamental ter em vista sua natureza constitucional e importância na defesa dos direitos fundamentais, sendo ele próprio uma garantia, além de um direito constitucional em sentido instrumental,[2] que, como bem lembra Cassio Scarpinella

---

[1] MEIRELLES, Hely Lopes. *Mandado de segurança, ação popular, ação civil pública, mandado de injunção e "habeas data"*. 17. ed. São Paulo: Malheiros, 1996. p. 17-18.

[2] Os remédios constitucionais "são direitos em sentido instrumental, da mesma forma que o é o direito de ação decorrente do inciso XXXV do artigo 5º, e são garantias porque reconhecidos com o objetivo de resguardar outros direitos fundamentais (em sentido material) previstos no artigo 5º" (DI PIETRO, Maria Sylvia Zanella. *Direito administrativo*. 14. ed. São Paulo. Atlas, 2002. p. 625).

Bueno,[3] é cláusula pétrea, imutável e insuprimível, portanto, até mesmo por emenda constitucional.

Mas o enfoque constitucional não é suficiente à configuração do instituto, que tem também caráter eminentemente processual, de verdadeira ação, já que sua efetividade se dá mediante provimento jurisdicional.

Acerca do caráter processual, leciona Celso Ribeiro Bastos:

> O mandado de segurança constitui uma forma judicial de tutela dos direitos subjetivos, ameaçados ou violados, seja qual for a autoridade responsável. É um recurso técnico-jurídico que pressupõe uma determinada evolução no processo de controle do poder estatal e, consequentemente, da repercussão deste sobre indivíduos, cujos direitos só foram efetivamente protegidos com o advento do Liberalismo, Inspirador de solenes Declarações de Direitos e de Constituições escritas.[4]
>
> (...)
>
> O entendimento hoje dominante e, a nosso ver, correto é aquele segundo o qual o mandado de segurança se reveste dos atributos de uma verdadeira ação. Tratando-se de uma forma de expressão da atividade jurisdicional do Estado, visto que da solução dada à controvérsia resultará uma decisão com força de coisa julgada e sendo o direito de ação aquele que desencadeia o exercício da jurisdição, não poderia o mandado de segurança ter outra natureza senão a de uma autêntica e verdadeira ação.[5]
>
> Ação peculiar, contudo, pela especificidade de seu objeto e pela sumariedade de seu procedimento, que é próprio e só subsidiariamente aceita as regras do Código de Processo Civil.[6]

Convergindo os enfoques constitucional e processual, pode-se caracterizar o mandado de segurança como um "remédio constitucional" ou uma garantia constitucional-processual, o que lhe confere amparo por todos os princípios constitucionais pertinentes ao direito processual, além das disposições específicas ao mandado de segurança.

> Assim vista a questão, pode-se admitir, sem receios, a dúplice natureza do mandado de segurança: garantia constitucional contra o ato ilegal de autoridade; instrumento processual, de jurisdição contenciosa,

---

[3] BUENO, Cassio Scarpinella. *Mandado de segurança*: comentários às Leis n. 1.533/51, 4.348/64 e 5.021/66. 3. ed. São Paulo: Saraiva, 2007. p. 4-5.

[4] BASTOS, Celso Ribeiro. *Do mandado de segurança*. 2. ed. São Paulo: Saraiva, 1982. p. 1.

[5] *Idem*, p. 5.

[6] *Idem*, p. 23.

que, submisso à dimensão de garantia constitucional, a implementa no dia-a-dia. Não há, pois, razão, (ou utilidade) em negar a natureza jurisdicional do *writ*, ou sua contenciosidade (em contrário: José Inácio Botelho de Mesquita, "O mandado de segurança", Repro 66/123-126). Bem antes: como ação de conhecimento, o mandado de segurança é medida típica do Estado de Direito, eis que se marca das garantias amplíssimas, particularmente contra o Poder, que a Constituição defere tanto ao processo judicial quanto ao administrativo (CF, art. 5º, LIV e LV). E, do ponto de vista científico, espinhosa é a visão negadora, pois aplicar a um instrumento ou instituto os rótulos *sui generis* ou "atípico" é, afinal, dizer muito pouco, ou nada, a seu respeito.[7]

Acerca do direito processual constitucional e seus princípios, é imperativo observar a lição de Cintra, Grinover e Dinamarco, que a nosso ver melhor sistematiza o tema:

> A condensação metodológica e sistemática dos princípios constitucionais do processo toma o nome de direito processual constitucional.
>
> Não se trata de um ramo autônomo do direito processual, mas de uma colocação científica, de um ponto-de-vista metodológico e sistemático, do qual se pode examinar o processo sem suas relações com a Constituição.
>
> O direito processual constitucional abrange, de um lado, (a) tutela constitucional dos princípios fundamentais da organização judiciária e do processo; (b) de outro, a jurisdição constitucional.
>
> A tutela constitucional dos princípios fundamentais da organização judiciária corresponde às normas constitucionais sobre os órgãos da jurisdição, sua competência e suas garantias.
>
> A jurisdição constitucional compreende, por sua vez, o controle judiciário da constitucionalidade das leis — e dos atos da Administração, bem como a denominada jurisdição constitucional das liberdades, com o uso dos remédios constitucionais-processuais — *habeas corpus*, mandado de segurança, mandado de injunção, "*habeas data*" e ação popular.[8]

Merece maior atenção a lição destes ilustres doutrinadores sobre as garantias do devido processo legal, da qual são extraídos os princípios constitucionais-processuais, inteiramente aplicáveis ao mandado de segurança:

> Entende-se, com essa fórmula, o conjunto de garantias constitucionais que, de um lado, asseguram às partes o exercício de suas faculdades e

---

[7] FERRAZ, Sergio. *Mandado de segurança*. 3. ed. São Paulo: Malheiros, 2006. p. 19-20.

[8] CINTRA, Antônio Carlos de Araújo; GRINOVER, Ada Pellegrini; DINAMARCO Cândido Rangel. *Teoria geral do processo*. 17. ed. São Paulo: Malheiros, 2001. p. 79-80.

poderes processuais e, do outro, são indispensáveis ao correto exercício da jurisdição. Garantias que não servem apenas aos interesses das partes, como direitos público subjetivos (ou poderes e faculdades processuais) destas, mas que configuram, antes de mais nada, a salvaguarda do próprio processo, objetivamente considerado, como fator de legitimidade do exercício da jurisdição.

(...)

O conteúdo da fórmula vem a seguir desdobrado em um rico leque de garantias específicas, a saber: a) antes de mais nada, a dúplice garantia do juiz natural, não mais restrito à proibição de *bills of attainder* e juízos ou tribunais de exceção, mas abrangendo a dimensão do juiz competente (art. 5º, XXXVI e LIII); e b) ainda em uma série de garantias estendidas agora expressamente ao processo civil, ou até mesmo novas para o ordenamento constitucional.

Assim, o contraditório e a ampla defesa vêm assegurados em todos os processos, inclusive administrativos, desde que neles haja litigantes ou acusados (art. 5º, inc. LV).

(...)

Procura-se, ainda, dar concretude à igualdade processual que decorre do princípio da isonomia, inscrito no inc. I do art. 5º – transformando-a no princípio dinâmico da *par conditio* ou da igualdade de armas, mediante o equilíbrio dos litigantes no processo civil, e da acusação e defesa, no processo penal.

(...)

Como novas garantias, a publicidade e o dever de motivar as decisões judiciárias são elevadas a nível constitucional (arts. 5º, inc. LVI, e 93, inc. IX).

As provas obtidas por meios ilícitos são consideradas inadmissíveis e, portanto, inutilizáveis no processo (art. 5º, inc LVI).[9]

Ressaltadas as feições constitucionais e processuais do mandado de segurança, não menos importante é sua relação com o Direito Administrativo, dado ser típico meio de controle externo judicial dos atos do Poder Público, quando eivados de ilegalidade ou abuso de poder.

Segundo a lição de Maria Sylvia Zanella Di Pietro, além das formas de controle jurisdicional dos atos administrativos comuns, decorrentes do art. 5º, XXXV, da Constituição, a Carta prevê ações específicas de controle da Administração Pública, chamadas remédios constitucionais:

---

[9] CINTRA; GRINOVER; DINAMARCO, *op. cit.*, p. 82-83.

Porque têm a natureza de garantias dos direitos fundamentais; estão inseridos no Título II da Constituição, concernentes aos "direitos e garantias fundamentais": o seu objetivo é provocar a intervenção de autoridades, em geral a judiciária, para corrigir os atos da Administração lesivos de direitos individuais e coletivos.[10]

Com efeito, o Direito Administrativo e seus princípios têm grande importância no que toca ao mérito do mandado de segurança e às questões processuais que nele tenham reflexo. Assim, o manejo do mandado de segurança não exige apenas trato de temas constitucionais e processuais, mas também de âmbito administrativo, notadamente os afetos à teoria dos atos administrativos e ao controle jurisdicional de atos da Administração.

Assim, tem-se admitido a impetração da segurança, reunidos os requisitos constitucionais e legais, dentre outras hipóteses, para anulação dos atos administrativos viciados ou ilegais, para obtenção ou revogação de autorização administrativa, para obtenção de certidões públicas, para obtenção ou revogação de concessão de serviços públicos, para obtenção de licença e alvará de construção de prédios, para coibir interdição administrativa irregular ou ilegal, para participação ou anulação de licitação pública e para impugnar sindicância e processo administrativo disciplinar viciados ou ilegais relativos a servidores públicos.[11]

No que concerne ao objeto deste trabalho, a teoria dos atos administrativos é especialmente importante no tocante a um de seus elementos ou pressupostos de validade:[12] a competência do sujeito, tida

---

[10] DI PIETRO, *op. cit.*, p. 625.

[11] REMÉDIO, José Antonio. *Mandado de segurança individual e coletivo*. São Paulo: Saraiva, 2002. p. 201.

[12] Vejamos a lição de Celso Antônio Bandeira de Mello que bem nos introduz à concepção e identificação dos elementos ou pressupostos dos atos administrativos: "Não há concordância total entre os autores sobre a identificação e número de elementos; porém, freqüentemente, a divergência (ou pelo menos parte dela) procede ora de discordâncias terminológicas, ora de que, por vezes, os autores englobam em um único elemento aspectos que em outros autores encontram-se desdobrados. Apesar das desavenças aludidas, poder-se--ia relacionar como elementos habitualmente referidos os seguintes: sujeito, forma, objeto, motivo e finalidade. Não é incomum encontrar-se, também, menção à 'vontade'. (...) É fácil perceber-se que, dentre estes chamados 'elementos', nem todos realmente o são. Donde a impropriedade do uso da palavra para designar o conjunto batizado sob tal rótulo. Com efeito, o termo 'elementos' sugere a ideia de 'parte componente de um todo'. Ocorre que alguns deles, a toda evidência, não podem ser admitidos como 'partes' do ato, pois lhe são exteriores, conforme se verá adiante, ao tratarmos destes distintos tópicos.
Preferimos, pois, sistematizar o assunto de outro modo, levando em conta que, dentre os assim chamados, dois são, realmente, elementos, ou seja, realidades intrínsecas do ato. Em

como "o círculo compreensivo de um plexo de deveres públicos a serem satisfeitos mediante o exercício de correlatos e demarcados poderes instrumentais, legalmente conferidos, para a satisfação de interesses públicos".[13] Sua relação com a legitimidade passiva no mandado de segurança, mais precisamente com a autoridade coatora, será vista mais adiante, em tópico próprio.

Configurados os enfoques constitucional, processual e administrativo do mandado de segurança, indaga-se acerca da importância do direito positivo infraconstitucional ao mandado de segurança. Acerca do assunto, entende Scarpinella que:

> Trata-se, pois, de instituto previsto constitucionalmente e que, em rigor, não depende sequer de lei infraconstitucional para desempenhar sua função constitucional. Mais do que isso, o alocamento do mandado de segurança entre os direitos e garantias individuais e coletivos não é passível de subtração nem mesmo por emenda à Constituição.[14]

Encaramos com reserva a abalizada opinião, já que cabe ao regime infraconstitucional viabilizar a plena efetividade material[15] ao mandado de segurança. Isto porque não se pode negar que o texto

---

uma palavra, componentes dele, a saber: o conteúdo e a forma. Não, porém, os outros. Daí separarmos os elementos do ato e os pressupostos do ato. Estes últimos, de seu turno, distinguem-se em pressupostos de existência, ou seja, condicionantes de sua existência, e pressupostos de validade, ou seja, condicionantes de sua lisura jurídica.
São pressupostos de existência o objeto e a pertinência do ato ao exercício da função administrativa. Os pressupostos de validade são 1) pressuposto subjetivo (sujeito); 2) pressupostos objetivos (motivo e requisitos procedimentais); 3) pressuposto teleológico (finalidade); pressuposto lógico (causa); e 5) pressuposto formalístico (formalização)" (BANDEIRA DE MELLO, Celso Antônio. *Curso de direito administrativo.* 21. ed. São Paulo: Malheiros, 2006. p. 371-373).

[13] *Idem*, p. 140.

[14] BUENO, *op. cit.*, p. 7.

[15] No intuito de ressaltar a importância da legislação infraconstitucional à plena realização dos direitos e garantias fundamentais, emprestamos o conceito de efetividade material adotado pelo Eminente Ministro Eros Grau: "Aplicar o direito é torná-lo efetivo. Dizer que um direito é imediatamente aplicável é afirmar que o preceito no qual inscrito é autosuficiente, que tal preceito não reclama — porque dele independe — qualquer ato legislativo ou administrativo que anteceda a decisão na qual se consume sua efetividade. (...)
Segundo Antoine Jeammaud a efetividade de uma norma se refere à relação de conformidade (ou pelo menos, de não contrariedade), com ela, das situações ou comportamentos que se realizam no seu âmbito de abrangência. (...)
B) efetividade material (Jeammaud e Correas) — que se manifesta quando realizada a conformidade da situação de fato à situação jurídica outorgada ou imposta ao sujeito mercê da efetividade jurídica da aplicação da norma (Jeammaude); ou que se manifesta quando tiver sido produzida a conduta requerida pela norma individual" (GRAU, Eros Roberto. *A ordem econômica na Constituição de 1988.* 11. ed. São Paulo: Malheiros, 2006. p. 318, 319-323, 324-325).

constitucional é conciso ao tratar do tema, o que dificulta a realização em concreto dos fins constitucionais.

Aderimos inteiramente à afirmação de que "lei alguma (anterior ou posterior à Constituição de 1988) pode querer burlar a grandeza constitucional do instituto" e que "nenhuma interpretação de texto legal pode, portanto, querer frustrar ou criar embaraços para o pleno desenvolvimento do mandado de segurança e para o atingimento de sua missão constitucional".[16] Também nos alinhamos integralmente à alocação do mandado de segurança entre os direitos e garantias fundamentais imutáveis.

Não concordamos, contudo, com a afirmação de que, por isso, "qualquer lei que queira disciplinar o mandado de segurança é despicienda",[17] feita pelo mencionado professor, com base no art. 5º, §1º, da Constituição. Isso porque, embora a lei não possa limitar a densidade normativa já constante da previsão constitucional do mandado de segurança, amparada, ainda, nos princípios constitucionais processuais, o instituto dela necessita para sua plena realização em concreto, visto que sua densidade normativa é limitada. Além disso, não estabelece procedimento e regras de relação processual, de que depende a prestação de jurisdição, cujo regime, a par dos princípios e normas constitucionais pertinentes, é legal, conforme sugerem os arts. 22, I, e 24, XI, da Constituição. A falta destas normas legais específicas instrumentais, se não inviabiliza, dificulta a efetiva aplicação da garantia constitucional em concreto pelo Judiciário, tolhendo ao menos parcela da efetividade material.

Dito isso, parece-nos que o art. 5º, §1º, não tem o alcance que lhe dá Scarpinella Bueno. Tal dispositivo apenas afirma que a Constituição, notadamente no tocante a direitos fundamentais, deve ter a máxima efetividade possível por si e aplicação imediata nos limites dessa efetividade, mas isso não leva à completa desconsideração das limitações do texto normativo, que são consideradas até mesmo no âmbito das mutações constitucionais.[18]

---

[16] BUENO, *op. cit.*, p. 5-6.

[17] *Idem*, p. 5.

[18] "O princípio da interpretação conforme à Constituição encontra seus limites na própria literalidade da norma, ou seja, não é permitido ao intérprete inverter o sentido das palavras nem adulterar a clara intenção do legislador. Isso significa que na busca de se salvar a lei não é permitido aos Tribunais fazer uma interpretação *contra legem*, é dizer, não é permitido ao Poder Judiciário exercer a função de legislador positivo, que é competência precípua do Poder Legislativo. Trata-se aqui de uma interpretação minuciosa que fica entre dois caminhos: o da constitucionalidade e o da inconstitucionalidade. E, por estar nessa linha limítrofe é que o Poder Judiciário pode conferir à norma em exame uma interpretação constitucional, e afastar assim os inconvenientes advindos da declaração de inconstitucionalidade e seu

A adequada apreciação do art. 5º, §1º, a nosso sentir, é a dada pelo eminente Ministro Eros Grau, ao tratar das normas relativas a direitos e garantias fundamentais em face ao referido dispositivo:

> A Constituição, no entanto, não assegura que estas normas tenham efetividade material e eficácia.
>
> Isto é, não garante que as decisões do Poder Judiciário, pela imposição de sua pronta efetivação, sejam executadas pelos seus destinatários — ou seja, não garante que sejam produzidas as condutas requeridas pelas normas individuais por ele, Poder Judiciário, criadas.
>
> Nem, de outra parte, garante que se realizem os resultados — fins — buscados por essas normas.[19]

Ressalte-se que não se está aqui aderindo ao clássico entendimento de que as normas não autoexecutáveis e programáticas não têm nenhuma eficácia, mas sim que possuem a eficácia máxima que lhes é possível, conforme os limites de seu texto, o que pode ser insuficiente aos fins constitucionais pretendidos, à sua efetividade.

A norma tal qual posta tem aplicação imediata e plena, mas nos limites de seu conteúdo positivado, sua aplicação balizada por estes limites pode não ser suficiente ao alcance em concreto dos fins da garantia constitucional, à efetividade material.

As leis ordinárias voltadas à aplicação da garantia também não asseguram esta efetividade, mas lhe servem de instrumento, de forma que não se pode considerá-las despiciendas. Dizer que as leis ordinárias que venham em favor da efetividade das normas constitucionais são desnecessárias é se conformar com a mera eficácia jurídica e efetividade formal, desprezando a questão da efetividade material, com o que não podemos concordar.

No específico caso do mandado de segurança, de algumas outras garantias fundamentais e do processo judicial, estamos convictos da importância do regime legal, que não pode ser desconsiderado, desde que em consonância com os parâmetros constitucionais.

Mais acertada, portanto, a lição de Celso Ribeiro Bastos, ao dizer que:

> Sob a égide da preceituação constitucional (ausente, diga-se de passagem, tão-somente da Constituição de 1937), a doutrina e a legislação

---

conseqüente banimento do ordenamento jurídico" (BASTOS, Celso Ribeiro. As modernas formas de interpretação constitucional. *Jus Navigandi*, Teresina, ano 3, n. 27, dez. 1998. Disponível em: <http://jus2.uol.com.br/doutrina/texto.asp?id=89>. Acesso em: 20 mar. 2009).

[19] GRAU, *op. cit.*, p. 326.

incumbiram-se de dar corpo ao instituto, revestindo-o da normatividade necessária à regulação do casuísmo da vida prática. É óbvio, contudo, que esta normação infraconstitucional há de ser sempre entendida e delimitada pelos parâmetros que lhe são traçados pela Lei Maior.[20]

Temos, assim, o mandado de segurança como uma garantia constitucional fundamental e um direito constitucional instrumental, protegido como cláusula pétrea, com natureza de ação judicial, voltada especificamente ao controle externo judicial de atos da Administração, sujeito a regime jurídico-constitucional, notadamente ao preceito que o enuncia, aos relativos aos direitos e garantias fundamentais em geral, aos princípios de direito processual e, quanto ao mérito e questões a ele correlatas, de direito administrativo, cuja plena efetividade depende de leis editadas, em conformidade com o arcabouço constitucional.

1.2 Evolução histórica e direito positivo

Na doutrina de Alfredo Buzaid,[21] o mandado de segurança é uma criação do direito brasileiro, com sua origem constitucional no art. 113, §33, da Constituição Federal de 1934, como sucessor e substituto da ação sumária especial e sob a influência da doutrina brasileira do *habeas corpus*, da teoria da posse de direitos pessoais e de certos institutos de direito estrangeiro, como o amparo mexicano.[22]

Além destas influências, Buzaid vincula a origem do mandado de segurança às seguranças reais das Ordenações Manuelinas e das Filipinas,[23] bem como a jurisprudência americana, "que recebeu dos ingleses o *mandamus* e as *injctions*, ressaltando que, em não havendo remédio específico em favor do lesado, pode o tribunal valer-lhe com um *mandamus*".[24]

A ação sumária especial foi instituída pela Lei nº 221, de 20 de novembro de 1894, "para garantir os direitos individuais no caso de lesão por atos ou decisão das autoridades administrativas da União".[25]

---

[20] BASTOS, 1982, p. 4.

[21] BUZAID, Alfredo. *Do mandado de segurança individual*. São Paulo: Saraiva, 1989. p. 25.

[22] WALD, Arnoldo. *Do mandado de segurança na prática judiciária*. 5. ed. Rio de Janeiro: Forense, 2006. p. 11.

[23] "Essa forma de segurança, dada por ordem dos juízes em nome do Rei, consistia em prevenir ou evitar uma ameaça aos direitos de alguém a pedido do ameaçado" (BUZAID, *op. cit.*, p. 26).

[24] *Idem*, p. 27.

[25] *Idem*, p. 12.

O Decreto nº 1.939, de 28 de agosto de 1908, determinou:

> Fosse aplicada a ação sumária para a anulação de atos de autoridade estaduais sempre que o processo fosse intentado perante a Justiça Federal por ser diretamente fundada a pretensão do autor e dispositivos da Constituição Federal.[26]

Durante sua vigência a ação em tela foi pouco utilizada, "recorrendo de preferência os lesados por atos administrativos ao *habeas corpus* e aos remédios possessórios".[27]

Quanto aos remédios possessórios à tutela da posse de direitos pessoais, vejamos o que diz Buzaid:

> Surgiu no direito comum, sob a influência do direito canônico, que o estendeu à proteção de todo direito. Consagrou-o o direito português, sob o regime das Ordenações Filipinas, à manutenção de todas e quaisquer coisas incorpóreas, especificando-se as prerrogativas, as precedências, as honras, os direitos de apresentação a benefícios e outras dignidades e funções. De seu uso e aplicação constante no foro dão testemunho as maiores autoridades indicadas por RUI BARBOSA, como GUERREIRO, MENDES DE CASTRO, CABEDO, REYNOSO e outros.[28]

Contudo, o *habeas corpus* era de maior efetividade, tendo em vista sua ampla abrangência, alcançando objetos posteriormente tutelados por mandado de segurança, decorrente da Constituição de 1891, cujo art. 72, §22, prescrevia amparo "sempre que o indivíduo sofrer ou se achar em iminente perigo de sofrer violência, ou coação por ilegalidade ou abuso de poder". A redação constitucional e sua interpretação extensiva decorreram de construção doutrinária e jurisprudencial que se convencionou chamar de "doutrina brasileira do *habeas corpus*", segundo a qual "o conceito de *habeas corpus* devia ser alargado, hipertrofiando-se o instituto para que pudesse realizar a sua missão social".[29]

> De 1891 a 1926 assiste-se, sob o influxo dessa corrente de pensamento, a um gradativo alargamento da utilização do *habeas corpus* até o ponto em que ele deixa de proteger diretamente a liberdade física para colher na sua malha tutelar a proteção de qualquer direito para cujo exercício fizesse imprescindível a liberdade de locomoção. Com esse fundamento

---

[26] *Idem*, p. 12.

[27] *Idem*, p. 14.

[28] BUZAID, *op. cit.*, p. 29.

[29] WALD, *op. cit.*, p. 21.

concedeu-se *habeas corpus*, por exemplo, para asseguramento da posse em cargo público, de funcionário nomeado.[30]

Em 1926 a Constituição foi reformada, restringindo novamente o alcance do remédio aos casos de prisão e constrangimento ilegal, o que foi modificado no direito positivo apenas com o advento da Constituição de 1934, que em seu art. 113, §33, dispunha:

> Dar-se-á mandado de segurança para a defesa de direito, certo e incontestável, ameaçado ou violado por ato manifestamente inconstitucional ou ilegal de qualquer autoridade. O processo será o mesmo do *habeas corpus*, devendo sempre ser ouvida a pessoa de direito público interessada. O mandado de segurança não prejudica as ações petitórias competentes.

Apesar do hiato legislativo entre 1926 a 1934 "o *habeas corpus*, não obstante as limitações constitucionais, manteve-se no papel de remédio geral contra as ilegalidades, na teoria defendida por RUI e definida por PEDRO LESSA".[31]

Como se vê, embora haja diversas influências na concepção do mandado de segurança, nenhuma delas se compara à do *habeas corpus*. Se outros institutos podem ser considerados seu "embrião", este pode ser tido como seu "irmão mais velho", no qual se espelhou até adquirir independência. Tanto é assim que a Constituição de 1934 era expressa na aplicação do mesmo processo aos dois remédios constitucionais.

O dispositivo constitucional foi regulamentado pela Lei nº 191, de 16 de janeiro de 1936, que, no que toca ao objeto deste trabalho, dispunha que "impetrado o mandado, são notificados o coator e a pessoa jurídica interessada para, dentro do prazo de 10 dias, apresentar as informações e defesa respectivamente".[32]

A Constituição outorgada de 1937 nada disse acerca do remédio recém-criado, cujo tratamento infraconstitucional passou a ser dado pelo Decreto-Lei nº 6, de 16 de novembro de 1937, que limitou sua a extensão e seus efeitos.[33]

Posteriormente, o Código de Processo Civil de 1939 passou a tratar do instituto, em seus arts. 319 a 331, que, no tocante ao polo passivo, manteve as regras da Lei nº 191/36.[34]

---

[30] BASTOS, 1982, p. 3.

[31] WALD, *op. cit.*, p. 30.

[32] *Idem*, p. 81.

[33] BUZAID, *op. cit.*, p. 30.

[34] WALD, *op. cit.*, p. 52.

O remédio voltou a ter previsão constitucional com a nova Carta de 1946, entre as garantias individuais, que em seu art. 141, §24, dispunha: "para proteger direito líquido e certo não amparado por *habeas corpus*, conceder-se-á mandado de segurança, seja qual for a autoridade responsável pela ilegalidade ou abuso de poder".

Sob tal regime constitucional foi editada a lei que até o advento da nova Lei nº 12.016/09 regia o mandado de segurança, qual seja: a Lei nº 1.533, de 31 de dezembro de 1951. A redação original desta lei modificou as disposições pertinentes ao polo passivo da lide, exigindo apenas a notificação da autoridade impetrada para prestar informações, sem exigir participação da pessoa jurídica à qual aquela é vinculada.[35]

Sob o regime constitucional de 1946, a lei em comento foi alterada pelas Leis nºs 2.770, de 4 de maio de 1956; 4.348, de 20 de junho de 1964; 4.357, de 16 de julho de 1964; 4.862, de 20 de novembro de 1965 e 5.021, de 9 de junho de 1966.

No que pertine ao cerne deste trabalho, ressalta-se a alteração promovida pelo art. 3º, da Lei nº 4.348/64, ao dispor que:

> As autoridades administrativas, no prazo de 48 (quarenta e oito) horas da notificação da medida liminar, remeterão ao Ministério ou ao órgão a que se acham subordinadas e ao procurador-geral da República ou a quem tiver a representação judicial da União, do Estado, do Município ou entidade apontada como coatora, cópia autenticada do mandado notificatório, assim como indicações e elementos outros necessários às providências a serem tomadas para eventual suspensão da medida e defesa do ato apontado como ilegal ou abusivo de poder.

A Constituição de 1967 manteve o *status* constitucional da medida, dispondo, em seu art. 153, §21, que:

> Conceder-se-á mandado de segurança, para proteger direito líquido e certo não amparado por *habeas corpus*, seja qual for a autoridade responsável pela ilegalidade ou abuso de poder.

E sob sua égide dela trataram as leis nºs 6.014, de 27 de dezembro de 1973; 6.071, de 3 de julho de 1974; 6.978, de 19 de janeiro de 1982 e a Lei Complementar nº 35 de 14 de março de 1979.

Por fim, sobreveio a Constituição de 1988, tratando do instituto entre os direitos e garantias fundamentais, dispondo em seu art. 5º, LXIX:

---

[35] Isso não é pacífico, mas é a posição que sustentamos, conforme se verá oportunamente.

Conceder-se-á mandado de segurança para proteger direito líquido e certo, não amparado por *habeas corpus* ou *habeas data*, quando o responsável pela ilegalidade ou abuso de poder for autoridade pública ou agente de pessoa jurídica no exercício de atribuições do Poder Público.

Não se pode deixar de mencionar, ainda, a inovação decorrente do inciso LXX do mesmo artigo, que introduziu em nosso ordenamento o mandado de segurança coletivo. Sob sua vigência foram editadas a respeito do mandado de segurança, até o momento, as Leis nºs 7.969, de 22 de dezembro de 1989; 8.076, de 23 de agosto de 1990; 8.437, de 30 de junho de 1992; 9.259 de 09 de janeiro de 1996; Medida Provisória nº 2.180-35 de 24 de agosto de 2001;[36] Lei nº 10.910, de 15 de julho de 2004 e, consolidando todas as disposições então vigentes para dispor inteiramente sobre a matéria, a Lei nº 12.016, de 07 de agosto de 2009.

Quanto ao objeto deste trabalho destacamos a alteração promovida pela Lei nº 10.910/04, que modificou o art. 3º da Lei nº 4.348/64, passando a dispor:

> Os representantes judiciais da União, dos Estados, do Distrito Federal, dos Municípios ou de suas respectivas autarquias e fundações serão intimados pessoalmente pelo juiz, no prazo de 48 (quarenta e oito) horas, das decisões judiciais em que suas autoridades administrativas figurem como coatoras, com a entrega de cópias dos documentos nelas mencionados, para eventual suspensão da decisão e defesa do ato apontado como ilegal ou abusivo de poder.

Também são da maior relevância os arts. 6º, 7º, I e II, 9º, 13 e 14, §2º, da Lei nº 12.016/09:

> Art. 6º A petição inicial, que deverá preencher os requisitos estabelecidos pela lei processual, será apresentada em 2 (duas) vias com os documentos que instruírem a primeira reproduzidos na segunda e indicará, além da autoridade coatora, a pessoa jurídica que esta integra, à qual se acha vinculada ou da qual exerce atribuições.
>
> (...)
>
> Art. 7º Ao despachar a inicial, o juiz ordenará:
>
> I – que se notifique o coator do conteúdo da petição inicial, enviando-lhe a segunda via apresentada com as cópias dos documentos, a fim de que, no prazo de 10 (dez) dias, preste as informações;

---

[36] Vigente por prazo indeterminado por força do art. 2º da Emenda Constitucional nº 32/01.

II – que se dê ciência do feito ao órgão de representação judicial da pessoa jurídica interessada, enviando-lhe cópia da inicial sem documentos, para que, querendo, ingresse no feito;

(...)

Art. 9º As autoridades administrativas, no prazo de 48 (quarenta e oito) horas da notificação da medida liminar, remeterão ao Ministério ou órgão a que se acham subordinadas e ao Advogado-Geral da União ou a quem tiver a representação judicial da União, do Estado, do Município ou da entidade apontada como coatora cópia autenticada do mandado notificatório, assim como indicações e elementos outros necessários às providências a serem tomadas para a eventual suspensão da medida e defesa do ato apontado como ilegal ou abusivo de poder.

(...)

Art. 13. Concedido o mandado, o juiz transmitirá em ofício, por intermédio do oficial do juízo, ou pelo correio, mediante correspondência com aviso de recebimento, o inteiro teor da sentença à autoridade coatora e à pessoa jurídica interessada.

(...)

Art. 14. Da sentença, denegando ou concedendo o mandado, cabe apelação.

§1º Concedida a segurança, a sentença estará sujeita obrigatoriamente ao duplo grau de jurisdição.

§2º Estende-se à autoridade coatora o direito de recorrer.

Estabelecidos breve contexto histórico e evolução legislativa, passemos ao trato dos conceitos fundamentais processuais e específicos à espécie.

Capítulo 2

Conceitos Fundamentais Processuais

Sumário: **2.1** Ação – **2.1.1** Espécies – **2.1.2** Ação de mandado de segurança – **2.1.3** Condições da ação – **2.1.3.1** Possibilidade jurídica do pedido – **2.1.3.2** Interesse de agir – **2.1.3.3** Legitimidade de parte (legitimidade *ad causam*) – **a)** Legitimação ordinária, capacidade de direito, capacidade de ser parte – **b)** Legitimação extraordinária e substituição processual – **c)** Legitimidade *ad processum* e representação – **2.2** Processo e procedimento

2.1 Ação

Como visto, o mandado de segurança tem natureza de ação judicial.

Ação é conceito jurídico que pode ser encarado em sentido amplo, constitucional, ou em sentido estrito, processual.[37][38][39]

Em sentido constitucional, pode ser entendido como o direito de acesso à justiça, à ordem jurídica justa ou à inafastabilidade da jurisdição,[40] fundado no art. 5º, XXXV, da Constituição, segundo o qual "a lei não excluirá da apreciação do Poder Judiciário lesão ou ameaça a direito".

Neste aspecto, o direito de ação significa direito constitucional incondicionado de levar demanda à apreciação do Poder Judiciário,

---

[37] GRECO FILHO, Vicente. *Direito processual civil brasileiro*. 15. ed. São Paulo: Saraiva, 2000. v. 1, p. 75-76.

[38] CINTRA; GRINOVER; DINAMARCO, *op. cit.*, p. 256.

[39] CAIS, Cleide Previtalli. *O processo tributário*. 4. ed. São Paulo: Revista dos Tribunais, 2004. p. 186.

[40] "Sendo um direito (ou poder de natureza pública, que tem por conteúdo o exercício da jurisdição) existindo, portanto, antes do processo, a ação tem inegável natureza constitucional (Const. art. 5º, inc. XXXV). A garantia constitucional da ação tem como objeto o direito ao processo, assegurando às partes não somente a resposta do Estado, mas ainda o direito de sustentar as suas razões, o direito ao contraditório, o direito de influir sobre a formação do convencimento do juiz — tudo através daquilo que se denomina tradicionalmente devido processo legal (art. 5º, inc. LIV). Daí resulta que o direito de ação não é extremamente genérico, como muitos o configuram" (CINTRA; GRINOVER; DINAMARCO, *op. cit.*, p. 255).

obtendo a resposta apropriada, que pode ser com ou sem resolução do mérito, conforme o caso.[41]

Em sentido processual, temos a teoria eclética de Liebman,[42] adotada pelo vigente código de processo civil,[43] segundo a qual o direito de ação é um direito à apreciação do mérito da lide posta perante o Judiciário, que não prescinde de certas condições para que seja viável para que exista.

Nesta concepção, a existência do direito de ação independe da existência ou não do direito material ao autor, mas é instrumental em relação a este, tendo por escopo a realização em juízo do direito material.[44]

Assim, se a solução do conflito de direito material não for possível, por falta de condições indispensáveis a tanto, não há direito de ação em sentido processual, o que se denomina carência de ação.[45]

> Convém esclarecer, contudo, que não há dois direitos de ação, um constitucional e um processual; o direito de ação é sempre processual, pois é por meio do processo que ele se exerce. O que existe é a garantia constitucional genérica do direito de ação, a fim de que a lei não obstrua o caminho ao Judiciário na correção das lesões de direitos, porém seu exercício é sempre processual e conexo a uma pretensão.[46]

O direito de ação é público porque exercido em face do Estado, é direito a um provimento jurisdicional de mérito acerca de uma pretensão (seja de procedência, seja de improcedência), que só pode ser dado pelo Estado-Juiz.[47] O direito de ação confere ao autor apenas o direito à solução da lide, mas não ao objeto jurídico de direito material pretendido, a pretensão, esta sim exercida em face do réu. Ao réu é conferido o mesmo direito subjetivo público sob um viés passivo, à solução do conflito de direito material acerca de uma pretensão do autor em face de si, à qual resiste. Este direito é denominado direito de defesa.[48]

---

[41] GRECO FILHO, *op. cit.*, p. 76.

[42] LIEBMAN, Enrico Tullio. *Mannuale di diritto processuale civile*. Trad. bras. de Cândido Rangel Dinamarco. 2. ed. Rio de Janeiro: Forense, 1986. p. 153.

[43] Código de Processo Civil brasileiro:
"Art. 267. Extingue-se o processo, sem resolução de mérito: (...)
VI – quando não concorrer qualquer das condições da ação, como a possibilidade jurídica, a legitimidade das partes e o interesse processual;"

[44] CINTRA; GRINOVER; DINAMARCO, *op. cit.*, p. 253.

[45] *Idem*, p. 260.

[46] GRECO FILHO, *op. cit.*, p. 76.

[47] CINTRA; GRINOVER; DINAMARCO, *op. cit.*, p. 255-256.

[48] FERNANDES, Antônio Scarance. *Processo penal constitucional*. 4. ed. São Paulo: Revista dos Tribunais, 2005. p. 282-283.

São "as duas faces da mesma moeda", ação e defesa, assumindo as partes da relação jurídica litigiosa de direito material as posições processuais de autor ou réu, conforme tomem ou não a iniciativa de levar a questão perante o Judiciário. Certas espécies de ação, contudo, só podem ser exercidas por um dos polos da relação de direito material necessariamente, em razão de sua natureza. Este é o caso do mandado de segurança, entre outros remédios constitucionais. Isso porque especialmente destinados à tutela jurisdicional de direitos fundamentais para controle de atos do Poder Público, ou de quem lhe faça as vezes. Dessa forma, só podem ser exercidos por aquele que tenha a pretensão ao afastamento de lesão ou ameaça a direito por ato de agente do Poder Público, ou de quem lhe faça as vezes, não sendo cabível seu exercício pelo Estado ou pela Autoridade para defesa da legalidade de seu ato. Ademais, para tal fim prescinde a Administração de tutela jurisdicional, dada a presunção de veracidade e legitimidade de todos os seus atos.[49]

2.1.1 Espécies

A doutrina e a jurisprudência tradicionalmente classificam as espécies de ação conforme as de provimento jurisdicional pretendido,[50] havendo divergências acerca de quais são elas.

Não há grandes divergências na classificação entre ações de conhecimento, executivas e cautelares.

As primeiras objetivam uma sentença de mérito e iniciam o chamado processo de conhecimento. A ação executiva "tem por objeto um pronunciamento satisfativo e dá ensejo ao processo de execução", enquanto a ação cautelar "destina-se a evitar dano oriundo da inobservância do direito pelo inevitável retardamento dos processos de conhecimento e executivo", iniciando o chamado processo cautelar.[51]

Assim, pela ação de conhecimento resolve-se crise de direito material, aplicando-se o direito objetivo ao caso concreto, declarando

---

[49] "Quanto ao alcance da presunção, cabe realçar que ela existe, com as limitações já analisadas, em todos os atos da Administração, inclusive os de direito privado, pois se trata de prerrogativa inerente ao Poder Público, presente em todos os atos do Estado, qualquer que seja sua natureza" (DI PIETRO, *op. cit.*, p. 191).

[50] CINTRA; GRINOVER; DINAMARCO, *op. cit.*, p. 264.

[51] PISTILLI, Ana de Lourdes Coutinho Silva. *Mandado de segurança e coisa julgada*. São Paulo: Atlas, 2006. p. 15-16.

qual das partes tem razão,[52] pela de execução soluciona-se crise de inadimplemento, com direito material já reconhecido judicial ou extrajudicialmente, satisfazendo-se tal direito, e pela cautelar resguarda-se direito processual[53] em processo executivo ou cognitivo, mediante medidas conservativas precárias.

As grandes controvérsias doutrinárias encontram-se na classificação das tutelas cognitivas, havendo duas principais correntes: a ternária, corrente majoritária no Brasil, segundo Ana de Lourdes Pistilli,[54] que aparta as ações de conhecimento em declaratória, constitutiva e condenatória; e a quinária, que, segundo a lição de Pontes de Miranda, se divide nas três espécies anteriores, acrescida das mandamentais e das executivas *lato sensu*.

Na lição de Dinamarco, que adota a corrente ternária, a tutela cognitiva declaratória tem por fim a solução de uma crise de certeza, declarando o direito. A cognitiva constitutiva tem por fim a solução de uma crise de situações jurídicas, constituindo, modificando ou extinguindo relações jurídicas. A cognitiva condenatória teria por fim a solução de uma crise de inadimplemento, atribuindo um bem da vida a alguém.[55]

Não se confunde a ação cognitiva condenatória com a executiva, visto que nesta o direito do credor já está reconhecido, busca-se a satisfação da obrigação, enquanto naquela se busca o reconhecimento do direito à prestação, cuja satisfação se fará em momento posterior, em processo ou fase de execução, caso não ocorra adimplemento voluntário do devedor.

Segundo a corrente quinária, a tutela mandamental é aquela que "não só condena, mas também ordena, manda, de modo que eventual descumprimento do comando mandamental do juiz poderá tipificar crime de desobediência, de responsabilidade",[56] ou, para certa doutrina,

---

[52] CINTRA; GRINOVER; DINAMARCO, *op. cit.*, p. 302.

[53] "São cautelares as medidas com que a ordem jurídica visa a evitar que o passar do tempo prove o processo de algum meio exterior que poderia ser útil ao correto exercício da jurisdição e conseqüente produção, no futuro, de resultados úteis e justos (...) Mesmo sem oferecer diretamente ao litigante a fruição do bem ou de algum benefício que essa fruição poderia trazer-lhe, a tutela cautelar evita que o processo se encaminhe a um resultado insatisfatório, como aconteceria se a testemunha viesse a faltar ou o bem penhorável a ser destruído" (DINAMARCO, Cândido Rangel. *Nova era do processo civil*. 2. ed. São Paulo: Malheiros, 2007. p. 68-69).

[54] A autora pauta esta afirmação em vasta e renomada doutrina. Cf. PISTILLI, *op. cit.*, p. 27.

[55] DINAMARCO, Cândido Rangel. *Instituições de direito processual civil*. 2. ed. São Paulo: Malheiros, 2002. v. 1, p. 152.

[56] PISTILLI, *op. cit.*, p. 32.

ao invés do crime de desobediência, se o comando é uma autoridade pública, de prevaricação.[57] Portanto, "o réu fica sujeito à estatalidade do juiz, não podendo se recusar a obedecer. Se o fizer, estará sujeito a sanções disciplinares e penais".[58] Já na executiva *lato sensu*:

> Não se exige o ajuizamento de uma demanda executiva para a instauração de uma nova relação jurídica processual (execução *ex intervallo*), pois o cumprimento do comando contido na sentença realiza-se na mesma relação jurídica processual, sem a necessidade de um novo processo de execução.[59]

Embora tradicionalmente as tutelas mandamental e executiva sejam caracterizadas conforme *supra*, entendemos mais acurada a distinção feita por Didier Jr., Braga e Oliveira, que colocam as decisões mandamentais como aquelas em que a participação do réu é imprescindível, enquanto as executivas poderiam ser satisfeitas mediante sub-rogação, ambas as espécies independendo de intervalo. Nessa linha:

> Chama-se de execução direta (ou execução por sub-rogação) aquela em que o Poder Judiciário prescinde da colaboração do executado para a efetivação da prestação devida; há uma substituição da conduta do devedor pela conduta do Estado-juiz. Já a execução indireta é aquela em que não há substituição da conduta do devedor; o Estado-juiz toma providências no sentido de forçar o próprio devedor a cumprir a prestação que lhe é imposta.

---

[57] "Caso haja o descumprimento, por parte da autoridade coatora, da ordem judicial, quer a concedida em liminar, que a deferida em sentença ou mesmo em acórdão, a doutrina aponta, como sanção cabível, aquela prevista para a prática do crime de desobediência (art. 330 do Código Penal).
Esta solução, entretanto, não é suficiente, em primeiro lugar porque é duvidosa a caracterização do crime cujo autor é o particular, e não o agente público. Na verdade, o crime seria o de prevaricação (art. 318 do CP), mas muito difícil a prova do especial fim de agir" (FRANCO, Fernão Borba. Execução de sentença "mandamental" e de obrigação de fazer: possibilidade de prisão como meio coercitivo. *In*: BUENO, Cassio Scarpinella; ALVIM, Eduardo Arruda; WAMBIER, Teresa Arruda Alvim (Coord.). *Aspectos polêmicos do mandado de segurança*: 51 anos depois. São Paulo: Revista dos Tribunais, 2002. p. 358).
Da nova lei do mandado de segurança se extrai que o crime é efetivamente o de desobediência, embora seja possível também a incidência de crime de responsabilidade, pois diz seu art. 26 que "constitui crime de desobediência, nos termos do art. 330 do Decreto-Lei nº 2.848, de 7 de dezembro de 1940, o não cumprimento das decisões proferidas em mandado de segurança, sem prejuízo das sanções administrativas e da aplicação da Lei nº 1.079, de 10 de abril de 1950, quando cabíveis".

[58] AURELLI, Arlete Inês. *O juízo de admissibilidade na ação de mandado de segurança*. São Paulo: Malheiros, 2006. p. 24.

[59] PISTILLI, *op. cit.*, p. 32.

A decisão mandamental é aquela que impõe uma prestação ao réu e prevê uma medida coercitiva indireta que atue na vontade do devedor como forma de compeli-lo a cumprir a ordem judicial — é o que se dá na decisão que impõe ao réu que faça alguma coisa, num determinado prazo, sob pena de multa diária. Já a decisão executiva é aquela que impõe uma prestação ao réu e prevê uma medida coercitiva direta, que será adotada em substituição à conduta do devedor, caso ele não cumpra voluntariamente o dever que lhe é imposto — é o que ocorre na decisão que impõe ao inquilino a entrega do bem imóvel ao locador, sob pena de despejo.[60]

Em crítica, os defensores da teoria ternária sustentam:

As sentenças mandamentais não constituem uma categoria autônoma, mas estão inseridas na categoria das sentenças condenatórias, divergindo apenas quanto ao conteúdo da sanção, mantendo, todavia, a mesma estrutura.[61]

A quinária, segundo Pistilli, analisando a posição de Pontes de Miranda:

Valia-se do critério da força preponderante na respectiva eficácia; desse modo, o "critério classificatório deveria fundar-se no peso que sobressai dentre todos, no tipo predominante de eficácia — força de sentença", na terminologia do autor.[62]

Anota-se, ainda, a posição de Ovídio Batista da Silva,[63] que adota a teoria quinária, mas insere a ação mandamental entre as executivas. Entendemos pertinente a seguinte observação de Pistilli:

A importância das classificações, de qualquer sorte, não pode superar sua própria utilidade. Independentemente daquela a ser adotada, é fundamental identificar qual o efeito produzido pelo provimento jurisdicional no plano do direito material, como forma de melhor aproximar o processo do alegado direito substancial violado.[64]

---

[60] DIDIER JR., Fredie; BRAGA, Paula Sarno; OLIVEIRA, Rafael. *Curso de direito processual civil*. Salvador: JusPodivm, 2007. v. 2, p. 291-292.

[61] PISTILLI, *op. cit.*, p. 28.

[62] PISTILLI *apud* PONTES DE MIRANDA, *op. cit.*, p. 27.

[63] SILVA, Ovídio A. Baptista da. *Curso de processo civil*. 5. ed. São Paulo: Revista dos Tribunais, 2002. p. 21-22.

[64] PISTILLI, *op. cit.*, p. 31.

Assim, não vemos como inadequada a teoria ternária, no que insere a ação mandamental como uma espécie de condenatória, mas aderimos à teoria quinária, que adota critério diferenciado daquela para estabelecer duas novas espécies de tutela jurisdicional, que têm suas peculiaridades, o que é suficiente para que seja útil seu trato de forma separada.

Ressalte-se apenas que, com as alterações promovidas no regime processual pela Lei nº 11.232/05, que dispensaram novo processo para a execução de sentenças condenatórias da obrigação de pagar quantia, a tutela executiva *lato sensu* não deve ser tida como a que satisfaz com sub-rogação independentemente de processo de execução, mas que satisfaz com sub-rogação independentemente de processo "ou fase de execução".[65]

2.1.2 Ação de mandado de segurança

Verificadas as espécies de ação em nosso ordenamento, adotada a teoria quinária e afastadas as teses que não a admitem,[66] vejamos em qual delas se insere o mandado de segurança.

A doutrina pouco diverge quanto às características fundamentais do mandado de segurança: uma ação constitucional, de rito especial sumário, cuja tutela é específica, conferindo o provimento pleiteado *in natura*, independentemente de processo de execução, a fim de proteger direito líquido e certo sob lesão ou ameaça de lesão por ato ilegal ou abusivo, não cabendo como ação indenizatória ou de cobrança.

Os doutrinadores divergem, porém, quanto à espécie de ação em que seriam inseridas tais características.

---

[65] O simples sincretismo, dispensando um novo processo, mas mantendo uma fase executiva, que nada mais é que uma ação executiva (exercício de direito a provimento satisfativo) no mesmo processo, não transforma a tutela condenatória de pagar quantia em tutela executiva *lato sensu*. As tutelas sub-rogatórias dos arts. 461-A, 466-A e 466-B do Código de Processo Civil, que dispensam processo ou fase executiva, típicas tutelas executivas *lato sensu*, não se confundem com a tutela condenatória de pagar quantia do processo sincrético. Em sentido contrário, entendendo que o sincretismo faz desaparecer a diferença entre ações condenatórias e executivas *lato sensu*, razão pela qual não haveria mais sentido em distinguir as sentenças condenatórias das mandamentais e das executivas, *vide* DIDIER JR.; BRAGA; OLIVEIRA, *op. cit.*, p. 289.

[66] Dentre estas, destacamos, em meio às obras relativas a mandado de segurança, a de Lúcia Valle Figueiredo (FIGUEIREDO, Lúcia Valle. *Mandado de segurança*. 5. ed. São Paulo: Malheiros, 2004. p. 215-216), que rejeita expressamente a teoria quinária e entende que o mandado de segurança pode ser de qualquer das espécies da teoria ternária, e a de Alfredo Buzaid (*op. cit.*, p. 67-77), que em minuciosa análise conclui pela aplicação ao mandado de segurança da teoria ternária.

Celso Ribeiro Bastos,[67] Arnoldo Wald[68] e Carlos Alberto Menezes Direito[69] entendem inadequado o enquadramento em qualquer das espécies típicas do direito processual, tratando do mandado de segurança como ação especial. Enfocam sua posição na celeridade e sumariedade do rito e no objeto, tutela de direito líquido e certo em face de ato ilegal ou abusivo. Celso Bastos acrescenta, ainda, que, em certos casos, no controle de atos vinculados, a ordem é prescindível, servindo a sentença como substitutivo do ato sindicado.

Para Agrícola Barbi,[70] o mandado de segurança pode ter feição condenatória, constitutiva ou declaratória, conforme o caso, mas "o que se pode afirmar, com base apenas nas observações do movimento forense, é a predominância dos casos em que a ação tem caráter constitutivo". Leciona que, contudo, nas hipóteses em que manejado para conferir efeito suspensivo a recurso interposto, tem natureza cautelar.[71]

Wald apresenta, ainda, diversas outras correntes, das quais discorda, dentre elas: (i) a de Castro Nunes, que caracteriza o mandado como ação prejudicial ou de estado; (ii) a de Luís Eulálio de Bueno Vidigal, como ação defensiva de certas medidas da pessoa jurídica de direito público; (iii) a de Othon Sidou, como interdito possessório; além de impugnar (iv) a da mandamentalidade de Pontes de Miranda, por não concordar com o privilégio da execução do mandado de segurança sobre a decisão.

Celso Agrícola Barbi[72] arrola mais outras: (i) a de Sebastião de Souza, caracterizando o mandado de segurança como ação constitutiva; (ii) a de Lopes da Costa e outros, pela natureza mandamental; (iii) a de Themistocles Cavalcanti, como executória.

Ana de Lourdes Pistilli[73] entende que a mais comum é a mandamental, mas que nada impede seja constitutiva ou declaratória.

Arlete Aurelli[74] opina que é tipicamente mandamental, podendo ter eficácia menor de caráter declaratório, constitutivo ou condenatório, mas estas nunca prevaleceriam sobre a ordem.

---

[67] BASTOS, 1982, p. 5-8.

[68] WALD, *op. cit.*, p. 109-118.

[69] DIREITO, Carlos Alberto Menezes. *Manual do mandado de segurança.* 4. ed. Rio de Janeiro: Renovar, 2003. p. 15-24.

[70] BARBI, Celso Agrícola. *Do mandado de segurança.* 7. ed. Rio de Janeiro: Forense, 1993. p. 49.

[71] *Idem*, p. 51.

[72] BARBI, *op. cit.*, p. 44-45.

[73] PISTILLI, *op. cit.*, p. 32-37.

[74] AURELLI, *op. cit.*, p. 25-31.

Sem deixar de reconhecer o brilhantismo do trato do tema por todos os autores citados, estamos com Arlete Aurelli, dada a típica natureza mandamental da ação de mandado de segurança.[75]

Afastamos o enquadramento nas espécies de ação da teoria ternária, firmes na lição de Carlos Alberto Direito, pautada esta na de Milton Flaks:

> No caso da declaratória, acompanha o pensamento de Castro Nunes e Victor Nunes Leal, no sentido de que o mandado de segurança "jamais poderia configurar simples acertamento, porque pressupõe, necessariamente, direito violado ou ameaçado, cuja preservação ou reparação exigem que a autoridade pratique ou se abstenha de determinado ato"; no caso da constitutiva, porque no mandado de segurança "a ordem destinada a quem for parte no processo, identifica a execução indireta, incompatível com as ações constitutivas, as quais, como acima assinalado, só comportam execução imprópria"; no caso da condenatória, "porque estas exigem um processo autônomo de execução, ainda que conexo e sucessivo".[76]

Observamos, apenas, que, após a reforma da Lei nº 11.232/05, a ação condenatória não exige mais, necessariamente, um processo autônomo de execução, mas sim uma ação autônoma de execução, no mesmo processo.

Aderimos, porém, à corrente da mandamentalidade, já que:

> Para se executar a sentença não há necessidade de se promover um processo de execução do julgado, mas apenas de emitir um ofício à autoridade coatora, o que será feito no mesmo processo do mandado de segurança.[77]

Ademais, estamos com Arlete Aurelli ao afirmar que o fato de serem possíveis pedidos condenatórios, constitutivos ou declaratórios em mandado de segurança não infirma a conclusão:

> De fato, no mandado de segurança jamais a atividade do juiz limitar-se-á a declarar, constituir ou condenar. O magistrado sempre fará mais que isso. Para acolher o pedido formulado pela parte, o juiz deverá proferir

---

[75] Pontes de Miranda também entende o mandado de segurança como típica ação mandamental (PONTES DE MIRANDA, Francisco Cavalcanti. *Tratado das ações*. São Paulo: Revista dos Tribunais, 1970. v. 4, p. 53-54).

[76] DIREITO, *op. cit.*, p. 18.

[77] AURELLI, *op. cit.*, p. 28.

provimento que além de declarar, constituir ou condenar, ordenará o cumprimento de determinação judicial, de forma que a autoridade coatora não possa se recusar a cumprir, sob pena de se sujeitar às penas de crime de desobediência. A ordem, portanto, é parte indispensável da sentença. Sem a ordem, a sentença do mandado de segurança seria incompleta.[78]

Com efeito, a sentença em mandado de segurança confere um comando à autoridade coatora diretamente, que deve ser cumprido sob pena de responsabilidade e ser atendido de forma específica, não admitindo sucedâneos. Isso sempre estará presente no mandado, qualquer que seja seu pedido.

Também não nos impressionam os argumentos pela natureza especial da ação, que tem por base seu conteúdo e rito. É que, adeptos da teoria quinária, classificamos as espécies de ação conforme a eficácia do provimento correspondente. Ademais, a classificação das ações conforme o rito não observa a melhor técnica processual, já que rito diz respeito a procedimento, não a ação. É certo que o mandado de segurança tem conteúdo e rito especiais, não o negamos. Mas isso não diz respeito à espécie de ação, direito subjetivo a um provimento jurisdicional de mérito, que, no caso, é sempre um provimento mandamental.

Visto que o direito de ação em sentido processual é condicionado, vejamos quais são suas condições gerais.

2.1.3 Condições da ação

As condições da ação, segundo o Código de Processo Civil, que adota a teoria de Liebman, como dito, são: interesse jurídico, possibilidade jurídica do pedido e legitimidade de parte. A ausência de qualquer destas condições acarreta a carência da ação, que é causa de extinção do processo sem resolução do mérito e pode ser conhecida de ofício pelo juiz a qualquer tempo, conforme o art. 267, §3º, do Código de Processo Civil.

Cleide Previtalli Cais[79] bem observa que, conforme se depreende do art. 3º do Código de Processo Civil, as condições interesse e legitimidade também são necessárias para o exercício da defesa, mas a impossibilidade jurídica do pedido é condição apenas ao autor.

---

[78] *Idem*, p. 29.
[79] CAIS, *op. cit.*, p. 161.

O entendimento é condizente com a visão de que a defesa nada mais é que o viés do réu do direito de ação.

Como as condições da ação só podem ser aferidas a partir da verificação em abstrato do direito material, sendo extrínsecas ao processo em si[80] e como os juízes, em regra, verificam a presença das condições da ação apenas no momento final do procedimento de primeiro grau, embora tenham o dever de fazer esta verificação o mais cedo possível (conforme arts. 295, II, III, e parágrafo único, e 329 do Código de Processo Civil), na prática, em certas situações, não é fácil distinguir um caso de carência de ação, com extinção do processo sem resolução do mérito, de um de improcedência, com extinção do processo com resolução do mérito.

Quanto às condições da ação, duas teorias se destacam: a da representação e a da asserção.

Para os adeptos da teoria da representação, haveria carência da ação ainda que a verificação da falta de legitimidade, interesse ou possibilidade jurídica só fosse possível após contraditório e dilação probatória.[81] É a posição dominante.[82]

Adotamos, porém a teoria da asserção,[83] segundo a qual a verificação das condições da ação deve ser feita à luz da petição inicial.[84] Kazuo Watanabe,[85] defensor desta teoria, bem a delineia:

> As "condições da ação" são aferidas no plano lógico e da mera asserção do direito, e a cognição a que o juiz procede consiste em simplesmente confrontar a afirmação do autor com o esquema abstrato da lei. Não se procede, ainda, ao acertamento do direito afirmado.

Assim, se a constatação da falta de legitimidade, interesse ou de impossibilidade jurídica do pedido depender de maior cognição que aquela sumária consistente apenas na verificação em abstrato do direito afirmado pelo autor na inicial, haverá, inevitavelmente, exame

---

[80] FREIRE, Rodrigo de Cunha Lima. *Condições da ação*: enfoque sobre o interesse de agir no direito processual civil brasileiro. São Paulo: Revista dos Tribunais, 2000. p. 60-61.

[81] Cf. DINAMARCO, Cândido Rangel. *Instituições de direito processual civil*. 3. ed. São Paulo: Malheiros, 2003. v. 2, p. 313-317.

[82] CINTRA; GRINOVER; DINAMARCO, *op. cit.*, p. 261.

[83] Embora minoritária na doutrina, esta teoria vem sendo amplamente aplicada pela jurisprudência do Superior Tribunal de Justiça, como ilustra o REsp nº 832370/MG, Rel. Ministra NANCY ANDRIGHI, TERCEIRA TURMA, julgado em 02.08.2007, Publicado em: *DJ*, p. 366, 13 ago. 2007.

[84] BEDAQUE, José Roberto dos Santos. Pressupostos processuais e condições da ação. *Revista da Procuradoria Geral do Estado de São Paulo*, São Paulo, n. 35, p. 201, jun. 1991.

[85] WATANABE, Kazuo. *Da cognição no processo civil*. Campinas: Bookseller, 2000. p. 94.

do mérito, razão pela qual não há que se falar em carência da ação, mas sim em improcedência.

Esclareça-se, porém, que, mesmo aplicada a teoria da asserção, é possível o reconhecimento de carência da ação em momento posterior ao do recebimento da petição inicial ou mesmo após a instrução. Isso porque o relevante para esta teoria não é o momento procedimental de análise, mas sim a profundidade de cognição.[86] Se a despeito do encerramento da instrução a falta de condições da ação puder ser apurada apenas com base na petição inicial, o caso não é de resolução do mérito, mas sim de carência da ação.

Tratada a forma de verificação das condições da ação, passemos a uma sucinta análise de cada uma delas.

2.1.3.1 Possibilidade jurídica do pedido

A possibilidade jurídica do pedido consiste na verificação *prima facie* da compatibilidade do pedido com o ordenamento jurídico. Em regra, se o pedido for expressamente proibido, será juridicamente impossível. A situação é diversa, porém, no âmbito do direito público, dada a incidência do princípio da estrita legalidade. Neste caso, o pedido somente será juridicamente possível se autorizado.[87]

Expliquemos, com vagar, esta situação.

A possibilidade jurídica do pedido não se apura unicamente a partir do pedido em si, mas sim deste em conjunto com a causa de pedir, ambos vistos apenas em abstrato. Vejamos o exemplo de Arlete Aurelli:

> Se a causa de pedir está em conflito com o ordenamento jurídico, embora o pedido esteja previsto em lei, também estará caracterizada a impossibilidade jurídica do pedido. Essa é a hipótese típica do mandado de segurança. Ora, essa ação está prevista em lei, inclusive na própria Constituição Federal, sendo plenamente admissível o pedido de concessão da segurança no nosso ordenamento jurídico. Entretanto, se a causa de pedir para a concessão da segurança estiver proibida, não haverá, em conseqüência, possibilidade jurídica do pedido. É o que ocorreria, por exemplo, caso determinada empresa pretendesse impetrar mandado de segurança para liberar mercadorias, apreendidas na alfândega, as quais foram por ela contrabandeadas.[88]

---

[86] COSTA, Suzana Henriques da. *Condições da ação*. São Paulo: Quartier Latin, 2005. p. 47.

[87] AURELLI, *op. cit.*, p. 183.

[88] *Idem*, p. 184.

Ressaltamos, ainda, que a doutrina não é pacífica quanto à configuração da possibilidade jurídica do pedido como condição da ação, havendo quem entenda que se trata de questão de mérito.[89] Não se pode, porém, ignorar sua adoção como condição da ação em nosso direito positivo e a plena viabilidade de sua aplicação nesse sentido, mormente se observada a teoria da asserção.

2.1.3.2 Interesse de agir

O interesse de agir é a condição da ação que tem por premissa a impossibilidade de haver processo sem resultado útil, vale dizer, o Estado-Juiz não deve ser movido quando o pleito seja desnecessário ou inadequado.[90]

Assim, diz-se que o interesse de agir é composto pelo binômio: necessidade e adequação.

Por necessidade entenda-se a impossibilidade de alcançar o provimento senão pela via judicial, porque seja vedado ao particular a autotutela em face de uma pretensão resistida ou porque determinado direito só possa ser exercido em juízo.[91] [92] Em mandado de segurança, é comum a falta de necessidade de provimento jurisdicional quando o impetrante, acreditando em suposta pretensão resistida não manifestada, leva diretamente ao Judiciário pleito que seria diretamente atendido pela Administração, caso houvesse antes requerimento administrativo. Também é frequente a perda superveniente de necessidade quando, após o deferimento da liminar, a situação de fato se consuma, tornando desnecessário provimento definitivo ulterior.

Tais liminares satisfativas são em tese excepcionais, mas na prática muito vistas, sendo comuns situações em que os pleitos dos impetrantes são de tamanha urgência e importância que, ante o princípio da proporcionalidade,[93] o pressuposto da irreversibilidade fica

---

[89] CAIS, *op. cit.*, p. 169-170, 191-193.

[90] CINTRA; GRINOVER; DINAMARCO, *op. cit.*, p. 359.

[91] GRECO FILHO, *op. cit.*, p. 81.

[92] "As pretensões necessariamente sujeitas a exame judicial para que possam ser satisfeitas são aquelas que se referem a direito e interesses regidos por norma de extrema indisponibilidade" (*Idem*, p. 31).

[93] Na solução de casos tais, deve-se avaliar os princípios pertinentes e ponderar sua aplicação, observando o princípio da proporcionalidade e seus subprincípios, necessidade, adequação e proporcionalidade em sentido estrito, na linha adotada por Alexy (ALEXY, Robert. *Teoria de los derechos fundamentales*. Trad. Ernesto Garzón Vladés. 2. ed. Madrid: Centro de Estudos Constitucionales, 2007. p. 111-115). No mesmo sentido é a lição do Eminente Desembargador Federal Carlos Muta (*Direito constitucional*. Rio de Janeiro: Elsevier, 2007. t. I, p. 34-35).

atenuado. Exemplo frequente é o das impetrações buscando vista de processo administrativo, para o exercício ou defesa de direitos. Deferida a liminar e visto o processo, não há mais "necessidade". A adequação é a idoneidade da via eleita para o alcance do provimento pretendido. O mandado de segurança é ação mandamental com objeto e procedimento especiais, de forma que a incompatibilidade do pleito com esta especialidade leva à inadequação da via eleita. Neste caso o processo deve ser extinto sem apreciação do mérito, o que não obsta o acesso às vias ordinárias adequadas.

Há quem entenda, ainda, que a utilidade seria um terceiro requisito do interesse processual, além do binômio necessidade e adequação.[94] [95]

Concordamos com a imprescindibilidade da utilidade, além da necessidade e da adequação, já que não se concebe ação sem alguma vantagem do ponto de vista prático. Ressaltamos, porém, que a utilidade nada mais é que a decorrência dos requisitos necessidade e adequação. Se presentes os dois, cumulativamente, haverá sempre utilidade. Faltando um deles, o provimento jurisdicional será inútil. Parece-nos, pois, que é um terceiro requisito, mas, a rigor, decorre da presença dos outros dois, razão pela qual basta apurar a presença de necessidade e adequação. Presentes estes, estará presente a utilidade.

Nesse sentido é a lição de Previtalli Cais:[96]

> O interesse processual é configurado quando demonstrada a necessidade efetiva do processo diante de um estado de insatisfação no plano do direito material, buscando-se o provimento jurisdicional pertinente, mediante o meio adequado.
>
> O interesse processual constitui categoria intimamente ligada ao princípio da utilidade que regula as normas processuais civis. *A demonstração da necessidade da parte em provocar a jurisdição e a adequação do procedimento e do provimento postulados caracterizam a utilidade do provimento.* (grifo nosso)

Configurado o interesse de agir, passemos a tratar da condição da ação mais relevante a este trabalho: a legitimidade de parte.

---

[94] PISTILLI, *op. cit.*, p. 155.
[95] GRECO FILHO, *op. cit.*, p. 82-83.
[96] CAIS, *op. cit.*, p. 233.

2.1.3.3 Legitimidade de parte (legitimidade *ad causam*)

a) Legitimação ordinária, capacidade de direito, capacidade de ser parte

Terá legitimidade processual *ad causam*, em regra, aquele que é parte da relação jurídica de direito material posta em juízo, assim chamado legitimado ordinário, conforme disposição do art. 6º do Código de Processo Civil, que, em razão de sua importância para o objeto deste trabalho, transcrevemos:

> Ninguém pode pleitear em nome próprio, direito alheio, salvo quando autorizado por lei.

Note-se, portanto, que a apuração da legitimidade deve ser na análise *prima facie* da relação jurídica de direito material. No mandado de segurança, como a relação jurídica material tem por objeto a discussão de ato de autoridade, a correta identificação de seu legitimado passivo passa por intrincadas análises no âmbito de Direito Administrativo, notadamente quanto à competência sobre o ato discutido, como se verá oportunamente.

No tocante à legitimação ordinária, na lição de Cintra, Grinover e Dinamarco:

> É titular da ação apenas a própria pessoa que se diz titular do direito subjetivo material cuja tutela pede (legitimidade ativa), podendo ser demandado apenas aquele que seja titular da obrigação correspondente (legitimidade passiva).[97]

Dessa forma, nota-se que será legitimado aquele que pleitear direito próprio, o que pressupõe capacidade de direito, personalidade jurídica, que, em processo, equivale à capacidade de ser parte,[98] "capacidade para litigar, sem se indagar, ainda, se tem legitimidade para tanto".[99]

A capacidade de ser parte não se confunde com a legitimidade de parte, sendo aquela um pressuposto processual, não uma condição da ação. Não obstante, como visto, a legitimidade de parte pressupõe capacidade de ser parte.

---

[97] CINTRA; GRINOVER; DINAMARCO, *op. cit.*, p. 260.
[98] "É capaz de ser parte quem tem capacidade de direitos e obrigações nos termos da lei civil" (GRECO FILHO, *op. cit.*, p. 100).
[99] *Idem*, p. 99.

Mas esta vinculação da capacidade de direito à capacidade de ser parte e à legitimidade comporta exceção, já que a lei pode conferir, excepcionalmente, capacidade de ser parte a entes despersonalizados.[100] São exemplos típicos as universalidades mencionadas no art. 12, III, IV, V, VII e IX, do Código de Processo Civil (respectivamente a massa falida, a herança jacente ou vacante, o espólio, as sociedades sem personalidade jurídica e o condomínio). Outros exemplos dignos de nota são os dos órgãos da Administração Pública, direta ou indireta, especificamente destinados à defesa dos interesses e direitos transindividuais, na forma do art. 82, III, do Código de Defesa do Consumidor e, ainda, do Ministério Público.

Nos casos dos órgãos da Administração Pública para a defesa de direitos e interesses transindividuais e do Ministério Público, os entes despersonalizados qualificam-se como partes substitutas processuais.

Nos casos do art. 12 do Código de Processo Civil, contudo, temos peculiar situação de legitimação ordinária, sendo os entes despersonalizados considerados não apenas partes, como também sujeitos de direito, considerados titulares de uma gama restrita de direitos e obrigações na órbita material, atinentes à relação jurídica em litígio.

Acerca desta peculiar titularidade de direitos, mas não de personalidade, didaticamente trata Fábio Ulhoa Coelho:

> Pessoa jurídica é um expediente do direito destinado a simplificar a disciplina de determinadas relações entre os homens em sociedade. Ela não tem existência fora do direito, ou seja, fora dos conceitos tecnológicos partilhados pelos integrantes da comunidade jurídica. Tal expediente tem o sentido, bastante preciso, de autorizar determinados sujeitos de direito à prática de atos jurídicos em geral.
>
> Explique-se: sujeito de direito e pessoa não são conceitos sinônimos. Antes, sujeito de direito é gênero do qual pessoa é espécie. Todos os centros subjetivos de referência de direito ou dever, vale dizer, tudo aquilo que a ordem jurídica reputa apto a ser titular de direito ou devedor de prestação, é chamado de sujeito de direito. Ora, isto inclui determinadas entidades que não são consideradas pessoas, tais a massa falida, o condomínio horizontal, o nascituro, o espólio etc. Estas entidades, despersonalizadas, compõem juntamente com as pessoas o universo de sujeitos de direito.
>
> O que distingue o sujeito de direito despersonalizado do personalizado é o regime jurídico a que ele está submetido, em termos de autorização genérica para a prática dos atos jurídicos. Enquanto as pessoas estão

---

[100] *Idem*, p. 100.

autorizadas a praticar todos os atos jurídicos a que não estejam expressamente proibidas, os sujeitos de direito despersonalizados só poderão praticar os atos que estejam, explicitamente, autorizados pelo direito.[101]

Note-se, porém, que esta configuração de sujeitos de direito despersonalizados tem por fim apenas a operacionalização de certas relações jurídicas e a efetividade do acesso à justiça. A rigor, os titulares dos direitos são as pessoas "por trás" de tais entes, como os condôminos dos condomínios, os sócios das sociedades de fato etc.

b) Legitimação extraordinária e substituição processual

É pertinente abordar a exceção do art. 6º *supra*, parte final, que admite, desde que haja expressa disposição legal, demanda em nome próprio de direito alheio, hipótese denominada legitimação extraordinária.

Na classificação da legitimação extraordinária adotamos integralmente a lição de Arlete Aurelli:

> Podemos classificar a legitimação extraordinária, primeiramente, em duas categorias: a) legitimação autônoma, na qual o contraditório tem-se como regulamentarmente instaurado com a só presença, no processo, do legitimado extraordinário, e b) legitimação subordinada, na qual se outorga a terceiros a possibilidade de se inserirem em processo alheio, validamente instaurado por legitimado ordinário, ensejando-se uma atuação paralela do legitimado extraordinário, geralmente como assistente.

> A legitimação extraordinária autônoma, por sua vez, se divide em: a) legitimidade autônoma exclusiva e b) legitimidade autônoma concorrente. Na primeira classificação, a presença do legitimado extraordinário exclui a do legitimado ordinário, o qual poderá ingressar no processo como terceiro interveniente. É o que ocorre no exemplo clássico, embora ultrapassado, em face da vigência da nova Constituição Federal, do marido na defesa da mulher, bem como na hipótese do art. 42 do CPC, em que o adquirente da coisa litigiosa, impedido de assumir em juízo a posição do alienante, pela recusa da parte contrária, poderá ingressar como assistente do alienante, que figurará como substituto processual do adquirente. Na segunda, tanto o legitimado extraordinário como o ordinário podem propor uma ação, que será validamente exercida, quer com a presença de um, quer com a presença de outro, ou seja, podem figurar lado a lado no processo, em posições equivalentes.

---

[101] COELHO, Fábio Ulhoa. *Manual de direito comercial.* 14. ed. São Paulo: Saraiva, 2004. p. 112.

É o caso da ação de nulidade de casamento, contraída perante autoridade incompetente, para cuja propositura estão legitimados os cônjuges, o Ministério Público e os interessados.

A legitimação autônoma concorrente poderá ser primária, quando tanto o legitimado ordinário como o extraordinário podem, independentemente um do outro, instaurar o processo, e subsidiária, quando somente ante a omissão do legitimado ordinário é que o extraordinário poderá agir.

Ocorre substituição processual quando alguém pleiteia ou defende em juízo, em nome próprio, afirmação de direito alheio, em substituição de quem seria legitimado ordinário.

Embora muitas vezes, na doutrina e na jurisprudência, se utilize a expressão substituição processual como sinônimo de legitimação extraordinária, na verdade, aquela é uma espécie desta.

De fato, a substituição processual é apenas a legitimação extraordinária autônoma de caráter exclusivo, porque somente nela se encontra, verdadeiramente, uma substituição, ou seja, retirada de legitimado ordinário para assumir a posição, em seu lugar, o legitimado extraordinário. Na legitimação extraordinária concorrente, como ambos podem comparecer, não há propriamente uma substituição, exceto na hipótese de o legitimado ordinário não comparecer, como em que será substituído pelo legitimado extraordinário.

Arruda Alvim, baseado na doutrina alemã sobre legitimidade processual, afirma que o legitimado extraordinário não sofre os efeitos materiais da sentença, que somente atua processualmente em decorrência do "poder de conduzir um processo", o que lhe é conferido por lei. Esse direito de conduzir um processo é, segundo ele, um pressuposto processual, qual seja, a legitimação processual.[102]

Como exemplos de legitimação extraordinária, Cleide Previtalli Cais[103] arrola os casos de ação popular (Lei nº 4.717/65, art. 1º), de ação de improbidade administrativa (Lei nº 8.429/92, arts. 16 e 17), do capitão do navio que, embora não sendo proprietário, pode requerer o arresto de mercadoria da carga, em garantia de pagamento do frete (art. 527 do Código Comercial), da lei do mandado de segurança (Lei nº 1.533/51, art. 3º), do condomínio (art. 1.314 do Código Civil).

Destes, cabe tratar com mais vagar da legitimidade extraordinária ativa prevista no art. 3º da Lei nº 1.533/51,[104] que se mantém no art. 3º da

---

[102] AURELLI, *op. cit.*, p. 113-114.

[103] CAIS, *op. cit.*, p. 221-222.

[104] "Art. 3º – O titular de direito líquido e certo decorrente de direito, em condições idênticas, de terceiro, poderá impetrar mandado de segurança a favor do direito originário, se o seu titular não o fizer, em prazo razoável, apesar de para isso notificado judicialmente".

Lei nº 12.016/09,[105] para o que nos valemos da lição de Celso Agrícola Barbi:

> Segundo esse inciso, o titular de direito líquido e certo, decorrente de direito de terceiro, de idênticas condições, poderá usar o mandado em favor do direito deste, caso seu titular o não faça em prazo razoável, apesar de judicialmente notificado para isto.
>
> A "substituição processual" depende, nesse caso, dos seguintes requisitos legais: a) que o direito do substituto processual seja decorrente de direito do substituído; b) que ambos os direitos sejam líquidos e certos; c) que o titular do direito originário, judicialmente notificado para propor a ação de mandado de segurança, não o faça em prazo razoável.[106]

Trata-se de caso em que aquele em situação para intervir em processo de terceiro como assistente simples assume posição de substituto processual para a defesa de direito alheio e, de maneira reflexa, direito seu.[107]

Hipótese ainda mais interessante é a do art. 1º, §2º, da Lei nº 1.533/51,[108] mantida com mesma redação no art. 1º, §3º, da Lei nº 12.016/09.

> A hipótese aqui mencionada, ao contrário dos casos de verdadeira substituição processual, não exclui que o titular do direito vá a juízo. Diferentemente, admite-se, aqui, que um direito que pertença indistintamente a diversos titulares seja defendido em juízo por apenas um deles.
>
> (...)
>
> Evidentemente que, em se tratando de mandado de segurança, o impetrante deve apresentar-se como titular de direito líquido e certo, embora esse mesmo direito (leia-se situação fática e jurídica demonstrada de plano) seja compartilhado por outras pessoas.
>
> Nessas condições, o impetrante age por si, defendendo direito próprio, seu, e também por aqueles que não agiram, defendendo direito alheio. A condição para que isso se dê é a apontada lei: o direito ameaçado ou violado deve caber a várias pessoas.[109]

---

[105] "Art. 3º. O titular de direito líquido e certo decorrente de direito, em condições idênticas, de terceiro poderá impetrar mandado de segurança a favor do direito originário, se o seu titular não o fizer, no prazo de 30 (trinta) dias, quando notificado judicialmente".

[106] BARBI, *op. cit.*, p. 147.

[107] BUENO, *op. cit.*, p. 51.

[108] "§2º – Quando o direito ameaçado ou violado couber a várias pessoas, qualquer delas poderá requerer o mandado de segurança".

[109] BUENO, *op. cit.*, p. 39-40.

Temos, portanto, hipótese em que a parte age, ao mesmo tempo, com legitimação ordinária, em defesa de direito próprio, e com legitimação extraordinária, em defesa de direito alheio.

c) Legitimidade *ad processum* e representação

É mister observar a diferença entre legitimidade *ad causam* e legitimidade *ad processum*.

A legitimidade *ad causam*, esta sim condição da ação, é legitimidade para ser parte, por pertinência à relação de direito material posta em litígio.

A legitimidade *ad processum* diz respeito à capacidade de estar em juízo, equivalendo à capacidade de exercício nos termos da lei civil[110] e é pressuposto processual.

Quando aquele que detém legitimidade *ad causam* não detém legitimidade *ad processum*, sua atuação no processo se dá mediante representação.

> Conforme disposto no art. 7º do Código de Processo Civil, toda pessoa que se acha no exercício de seus direitos tem capacidade de estar em juízo. Em seguida, o art. 8º preceitua que os incapazes serão representados ou assistidos por seus pais, tutores ou curadores, na forma da lei civil.
>
> (...)
>
> Além da representação dos incapazes a mesma figura aparece no caso das pessoas jurídicas, ou daquelas entidades acima referidas que necessitam de alguém que manifeste por elas sua vontade. No caso das pessoas jurídicas, serão elas, de regra, representadas por aqueles que os estatutos da entidade ou o presidente, dependendo de disposição do respectivo estatuto constitutivo. Essas sociedades, bem como as fundações, estarão em juízo por meio dessas pessoas, seus representantes legais. Para aquelas entidades que não têm personalidade jurídica, o Código de Processo enuncia os seus representantes legais no art. 12.[111]

De especial importância no âmbito deste trabalho é a representação dos Entes Políticos, que se dá conforme disposição dos incisos I e II do art. 12 do Código de Processo Civil. A União, os Estados, o Distrito Federal e os Municípios serão representados por seus procuradores, sendo que os Municípios, na falta destes, serão representados pelo Prefeito.

---

[110] GRECO FILHO, *op. cit.*, p. 100.
[111] *Idem*, p. 100-101.

Os arts. 131 e 132 da Constituição Federal dispõem acerca das carreiras da Advocacia Geral da União, da Procuradoria-Geral da Fazenda Nacional e das Procuradorias dos Estados e Distrito Federal, não havendo disposição semelhante quanto às Procuradorias Municipais, que são, portanto, de instituição facultativa.[112]

Por fim, não há que se confundir representação com substituição processual. Na representação, o representante atua em nome alheio por direito alheio, "a parte é o representado, sofrendo ele também os resultados da ação, sendo que o representante exerce atividade processual em nome dele"[113] diferindo da hipótese de substituição processual, na qual o substituto atua em nome próprio por direito alheio. Neste caso, "quem é parte e exerce toda a atividade processual é o substituto, cabendo ao substituído, apenas, suportar os efeitos da demanda". A distinção é da maior importância ao deslinde do objeto deste trabalho, como se verá oportunamente.

Caracterizados os institutos pertinentes aos sujeitos do processo, cujo entendimento é necessário à apreciação da questão relativa ao sujeito passivo no mandado de segurança e seu regime jurídico, passemos a brevíssimo trato do processo e do procedimento.

2.2 Processo e procedimento

O direito de ação é exercido por intermédio do processo, que entendemos como relação jurídica de direito público, complexa e triangular, entre autor, juiz e réu, que se desenvolve mediante procedimento.

As partes são os sujeitos parciais do processo, enquanto o juiz é o sujeito imparcial e equidistante.

O processo é autônomo em relação ao direito material, com sistema normativo e princípios próprios.

À existência ou regularidade do processo, tido como relação jurídica processual, são necessários pressupostos, tratados pelo Código de Processo Civil como "pressupostos de desenvolvimento válido

---

[112] Entendemos que não se aplica ao caso o princípio da simetria, a Constituição obriga a organização das carreiras da Advocacia-Geral da União, da Procuradoria-Geral da Fazenda Nacional e das Procuradorias Estaduais, mas não das Procuradorias Municipais, que são facultativas. Nessa esteira, o Código de Processo Civil, em seu art. 12, II, permite que o Município seja representado em juízo pelo seu Prefeito, quando não houver procuradoria, sem que nisso haja qualquer incompatibilidade com a Constituição. Em alguns Municípios pequenos pode ser inviável manter corpo permanente de procuradores organizados em carreira, sendo mais econômica a contratação de advogados conforme as necessidades.

[113] GRECO FILHO, *op. cit.*, p. 79.

e regular do processo". A falta de pressuposto peremptório ou a não retificação de vício em pressuposto dilatório leva à extinção do processo sem resolução de mérito, mas este não se confunde com as condições da ação. Estas se referem ao direito de ação (direito subjetivo), aqueles ao processo (relação jurídica por meio da qual se exerce o direito de ação).

O processo não se confunde com o procedimento, sendo este elemento daquele, e consiste na sucessão ordenada de atos com suporte de validade uns nos outros e fins imediatos, todos pressupostos de validade e voltados ao mesmo fim mediato, o provimento jurisdicional definitivo. Seus atos são os atos processuais e seus vícios, quando insanáveis, levam à nulidade do ato viciado e dos consequentes nele pautados.

Quando se fala em rito processual, trata-se de procedimento. No mandado de segurança é inequívoca a especialidade do rito, de natureza sumária especial, que não se confunde com o rito sumário do Código de Processo Civil, para a satisfação mais célere e efetiva possível do direito do impetrante, adotando-se, até há pouco tempo, o das Leis nºs 1.533/51, 4.348/64 e 5.021/66 e, atualmente, o da Lei nº 12.016/09, com aplicação subsidiária do Código de Processo Civil.[114]

A sumariedade do mandado de segurança é inerente à sua configuração constitucional, conforme se depreende da necessidade de "direito líquido e certo", que pressupõe a não dilação probatória, e da tutela específica *in natura* em face de ato coator, que deve ser célere, sob pena de consumação da lesão, levando à inefetividade da jurisdição.[115]

Temos, portanto, que ação, processo e procedimento se relacionam, mas não se confundem, cada qual tendo suas próprias condições e pressupostos.

---

[114] "Não se pode perder de vista que o mandado de segurança é ação civil, isto é, não penal e não trabalhista, e, como toda e qualquer ação civil é regulada, naquilo que não confrontar seu modelo e sua finalidade próprios e sua legislação própria, pelo Código de Processo Civil" (BUENO, *op. cit.*, p. 11).

[115] Nesse sentido: "A sumariedade é essencial ao mandado de segurança porquanto somente com ela é que consegue dar efetividade a essa garantia constitucional. Ora, se o processo fosse moroso, como uma ação de procedimento comum ordinário, o direito que se pretende garantir com o mandado de segurança correria o risco de vir a perecer, de nada adiantando a decretação da ordem judicial" (AURELLI, *op. cit.*, p. 41).

Capítulo 3

Conceitos Fundamentais sobre Mandado de Segurança

Sumário: **3.1** Direito líquido e certo – **3.2** Não amparado por *habeas corpus* e *habeas data* – **3.3** Ato de autoridade – **3.3.1** Abrangência do conceito, ato administrativo, leis e atos normativos em tese – **3.3.2** Ato administrativo – **3.3.3** Ato político – **3.3.4** Decisão Judicial – **3.3.5** Ato legislativo – **3.3.6** Ato de particulares em atividade colaborada com o Estado

3.1 Direito líquido e certo

Como já visto, o mandado de segurança é instituto constitucional, restando demarcado na Carta de 1988 seu núcleo normativo, que é depreendido dos conceitos de direito líquido e certo não amparado por *habeas corpus* ou *habeas data* (objeto jurídico protegido) e ato ilegal ou abusivo de autoridade pública ou agente de pessoa jurídica no exercício de atribuições do Poder Público.

O direito líquido e certo é o objeto jurídico protegido no mandado de segurança. Havendo comprovação de direito de forma "líquida e certa", cabe o mandado de segurança para sua defesa. Assim, a liquidez e certeza do direito é tida como uma condição da ação especial no mandado de segurança. Tudo isso se depreende mesmo do texto constitucional. Deve ser determinado, portanto, o que se entende por "direito líquido e certo".

A importância fundamental deste conceito à análise do mandado de segurança é magistralmente tratada por Celso Agrícola Barbi:

> Enquanto, para as ações em geral, a primeira condição para a sentença favorável é a existência da vontade da lei cuja atuação se reclama, no mandado de segurança isto é insuficiente; é preciso não apenas que haja o direito alegado, mas também que ele seja líquido e certo. Se ele existir, mas sem essas características, ensejará o exercício da ação por outros ritos, mas não pelo específico do mandado de segurança.

A nosso ver, qualquer tentativa de sistematização do mandado de segurança tem de partir, obrigatoriamente, da definição do que seja direito líquido e certo. Estando essa expressão inscrita na Constituição Federal, a ela estarão sujeitos o legislador ordinário e o doutrinador, sob pena de fazerem trabalho irreal, afastado do direito brasileiro, onde surgiu aquela expressão no direito público.

Quando o legislador ordinário desejar construir as normas legais reguladoras do preceito constitucional, não poderá desviar-se do sentido deste, tal como já o fixaram em definitivo os tribunais, sob pena de elaborar um procedimento a partir de determinada premissa e depois vê-lo aplicado à base de premissa diversa, o que, sem dúvida, levará inevitavelmente a distorções de alcance imprevisível.

Da mesma forma, o intérprete e o doutrinador do mandado de segurança chegarão às mais diferentes conclusões quanto ao seu procedimento, conforme o conceito de direito líquido e certo que adotarem. No exame das regras da legislação ordinária sobre o mandado de segurança, aquele conceito é a pedra de toque, a chave da abóbada de todo o edifício. Daí a necessidade fundamental de caracterizar-se o que seja direito líquido e certo.[116]

Dada a importância do conceito, a doutrina e a jurisprudência muito se debruçaram sobre sua delimitação, não havendo atualmente grandes controvérsias, como bem coloca Scarpinella Bueno, pautado na lição de Hely Lopes Meirelles, para depois esmiuçar a questão, de forma precisa e concisa:

Nos dias atuais, quer do ponto de vista doutrinário, quer do jurisprudencial, a questão está superada. Por direito líquido e certo deve ser entendido aquele direito cuja existência e delimitação são claras e passíveis de demonstração documental. Hely Lopes Meirelles tem passagem clássica em que afirma que melhor seria a fórmula constitucional (e legal) ter-se referido à necessidade de o fato que dá supedâneo ser líquido e certo e não o direito em si mesmo. Para ele, o direito líquido e certo "é um conceito impróprio — e mal expresso — alusivo à precisão e comprovação dos fatos e situações que ensejam o exercício desse direito" (Hely Lopes Meirelles, Mandado de segurança, ação popular, ação civil pública, mandado de injunção, "habeas data", ação direta de inconstitucionalidade e ação declaratória de constitucionalidade, p. 36).

Essa interpretação da expressão "direito líquido e certo" relaciona-se intimamente ao procedimento célere, ágil, expedito e especial do mandado de segurança, em que, por inspiração direta do habeas corpus, não é admitida qualquer dilação probatória. É dizer: o impetrante deverá demonstrar, já com a petição inicial, no que consiste a ilegalidade ou

---

[116] BARBI, *op. cit.*, p. 55.

a abusividade que pretende ver expurgida do ordenamento jurídico, não havendo espaço para que demonstre sua ocorrência no decorrer do procedimento. A única exceção é a regulada pelo parágrafo único do art. 6º da Lei nº 1.533/51, instituída em favor do impetrante e, portanto, em plena consonância com as diretrizes constitucionais do mandado de segurança.

Direito líquido e certo há quando a ilegalidade ou a abusividade forem passíveis de demonstração documental, independentemente de sua complexidade ou densidade. Está superado o entendimento de que eventual complexidade das questões (fáticas e jurídicas) redunda no descabimento do mandado de segurança. O que é fundamental para o cabimento do mandado de segurança é a possibilidade de apresentação de prova documental do que alegado pelo impetrante e a desnecessidade de produção de outras provas ao longo do procedimento. Nisso — e só nisso — reside a noção de "direito líquido e certo".[117]

Direito líquido e certo é, a rigor, não direito, mas fato, provado de plano. Além disso, sendo os atos objeto de controle jurisdicional atos do Poder Público, quanto à matéria de fato esta prova plena deve ser robusta o suficiente a desconstituir a já mencionada a presunção de veracidade inerente a tais atos.

Na falta desta prova *prima facie*, pode caber outra espécie de ação, com rito mais amplo, mas não a via do *writ*, o que evidencia seu caráter de condição da ação típica do mandado de segurança. A despeito disso, esta condição é assimilável ao interesse de agir, na modalidade adequação,[118] não sendo, propriamente, uma condição da ação autônoma às gerais.

Sendo a liquidez e certeza, a prova de plano dos fatos, uma condição da ação, nos parece claro que a já mencionada teoria da asserção para a apuração prática de tais condições é especialmente adequada ao mandado de segurança. Em todos os casos, dada sua especial configuração, a presença de "direito líquido e certo" é sempre apurável "à luz da petição inicial", já que não cabe dilação probatória em momento posterior.

Cabe observar, contudo, que, em coerência com o que dita a teoria da asserção, se à luz da inicial o direito parecer provado de plano, mas se instaurar controvérsia quanto aos fatos após as informações da autoridade coatora, porque a falta de liquidez e certeza não era verificável *ab initio*, o julgamento deverá ser com resolução do mérito.[119]

---

[117] BUENO, *op. cit.*, p. 15-16.

[118] *Idem*, p. 17.

[119] "Num segundo momento, com a vinda das informações, pode ocorrer a controvérsia dos fatos apontados na vestibular, por não terem sido expostos como efetivamente acontecido.

Por fim, aproveita-se o ensejo para ressaltar novamente o caráter constitucional da sumariedade do mandado de segurança, como se extrai com clareza da interpretação ora exposta da expressão constitucional "direito líquido e certo".

3.2 Não amparado por *habeas corpus* e *habeas data*

O mandado de segurança é historicamente um remédio constitucional residual, cabível quando não se pode lançar mão de qualquer outro. Como já visto em tópico anterior, o mandado de segurança surgiu para suprir lacuna, por falta de remédio apto e eficaz à tutela de direito que não a liberdade de locomoção em face de ilegalidade ou abusividade do Poder Público. Esta característica, como não poderia deixar de ser, resta mantida.

A doutrina é crítica em relação à expressão "não amparado", que sugere o prévio emprego do *habeas corpus* ou do *habeas data* sem sucesso, para que só então seja viável o manejo do mandado de segurança. Isso implicaria cabimento das outras medidas para os mesmos casos pertinentes ao mandado de segurança, que seria "uma ação de reserva". É evidente o descabimento desta interpretação literal, devendo a expressão ser entendida como "não amparável".[120]

Assim, em caso de constrangimento à liberdade de locomoção, a via apta e eficaz é o *habeas corpus*, sob o regime do art. 5º, LXVIII, da Constituição e do Código de Processo Penal. Já em caso de constrangimento ao direito de acesso e/ou retificação de informações pessoais constantes de bancos de dados públicos ou particulares de caráter público, a via cabível, desde a Constituição de 1988, é o *habeas data*, sob o regime do art. 5º, LXXII, da Constituição e da Lei nº 9.507/97.

Há alguma confusão quanto às hipóteses de cabimento do *habeas data*, levando, por consequência, a problemas quanto ao cabimento do mandado de segurança.

A solução está na interpretação estrita dos conceitos postos no art. 5º, LXXII, da Constituição, esmiuçados na Lei nº 9.507/97. Assim, só é cabível o *habeas data* quando as "informações forem relativas à pessoa do impetrante" e se tais informações forem conteúdo de "registros ou bancos de dados de caráter governamental ou de caráter público".

Se assim ocorrer, o impetrante não é titular do direito líquido e certo, e, pelo mérito, o juízo deve denegar a segurança, cassando a liminar caso a tenha deferido de início. Nesse estágio, o direito líquido e certo imprescindível para a impetração representa o seu mérito que vem a ser apreciado" (CAIS, *op. cit.*, p. 312).

[120] BUENO, *op. cit.*, p. 18-19.

Dessa forma, não cabe *habeas data*, e sim mandado de segurança, quando a informação pretendida for registro de imóveis, dados sobre recolhimento de tributos, acesso a registros privados sem caráter público ou quando se pretender obter certidões.[121] Pela mesma razão, não é cabível o *habeas data* para acesso a cópias de processo administrativo,[122] tampouco à satisfação do direito à informação de que trata o art. 5º, XXXIII, da Constituição, que não diz respeito a informações relativas à pessoa do requerente, mas sim a interesse particular ou coletivo.[123]

3.3 Ato de autoridade

3.3.1 Abrangência do conceito, ato administrativo, leis e atos normativos em tese

O tratamento detalhado do conceito de autoridade coatora e questões correlatas será esmiuçado em tópico próprio, eis que intrinsecamente ligado à questão da legitimidade passiva em mandado de segurança. Neste ponto, abordaremos especificamente os *atos* objeto de controle via mandado de segurança, estabelecendo as premissas necessárias à oportuna análise dos *sujeitos* que os praticam. Com efeito, apenas compreendendo o que são "atos coatores" para fins de mandado de segurança é possível constatar quem são as autoridades das quais emanam.[124]

Não é qualquer ato ilegal ou abusivo que pode ser sindicado pela via do mandado de segurança, sendo a Constituição expressa ao mencionar seu cabimento apenas em face de ato de "autoridade pública ou agente de pessoa jurídica no exercício de atribuições do Poder Público". A referência a "agente de pessoa jurídica no exercício de atribuições do Poder Público" é inovadora na Constituição de 1988, acolhendo entendimento jurisprudencial já pacífico.[125]

---

[121] MEIRELLES, Hely Lopes. *Mandado de segurança, ação popular, ação civil pública, mandado de injunção e "habeas data"*. 25. ed. São Paulo: Malheiros, 2003. p. 269-270.

[122] Cf. REsp nº 904.447/RJ (BRASIL. Superior Tribunal de Justiça. Recurso Especial. REsp nº 904.447/RJ. Rel. Ministro TEORI ALBINO ZAVASCKI. PRIMEIRA TURMA. Julgado em 08.05.2007. Publicado em *DJ*, p. 333, 24 maio 2007).

[123] DI PIETRO, *op. cit.*, p. 628-629.

[124] "A identificação escorreita da autoridade coatora para fins de mandado de segurança depende também da compreensão e da identificação do ato coator a partir da doutrina e do direito público. Somente quando a doutrina publicista admitir os contornos concretos do ato e, portanto, sua predestinação para produzir efeitos concretos na ordem jurídica é que pode ser concebida sua impugnação pelo mandado de segurança" (BUENO, *op. cit.*, p. 29).

[125] DIREITO, *op. cit.*, p. 25.

A Lei nº 1.533/51 já adotava a posição ampliativa ainda antes da Constituição de 1988, estabelecendo em seu art. 1º, §1º:

> Consideram-se autoridade para os efeitos desta lei os administradores ou representantes das entidades autárquicas e das pessoas naturais ou jurídicas com funções delegadas do poder público, somente no que entende com essas funções.

A redação original foi ampliada pela Lei nº 6.978/82,[126] que deu lugar à redação da Lei nº 9.259/96,[127] praticamente igual à original, por sua vez revogada pelo art. 1º, §1º, da Lei nº 12.016/09, que retomou o sentido da Lei nº 6.978/82.[128]

Os atos de autoridade ou quem lhe faça as vezes podem ser tidos como quaisquer atos do Poder Público, comissivos ou omissivos,[129] de quaisquer dos Poderes da República, praticados por quaisquer agentes públicos, exceto aqueles praticados na posição de pessoa privada, que provoquem lesão ou ameaça de lesão a direito líquido e certo.

Acerca dos atos praticados na posição de pessoa privada, coloca Celso Agrícola Barbi que, em atos como os que se dão quando se "contrata a aquisição de bens, a locação de imóveis etc.", entende a doutrina pacificamente que não cabe mandado de segurança, estando tais atos sujeitos às vias de controle jurisdicional ordinário.[130]

Contudo, observa Maria Sylvia Zanella Di Pietro que a via mandamental fica afastada não propriamente porque o ato é praticado pelo sujeito na posição de pessoa privada, mas sim porque o ato é bilateral ou unilateral destituído de imperatividade, o que, porém, não afasta do mandado de

---

[126] "Consideram-se autoridades, para os efeitos desta Lei, os representantes ou órgãos dos Partidários Políticos e os representantes ou administradores das entidades autárquicas e das pessoas naturais ou jurídicas com funções delegadas do poder público, somente no que entender com essas funções".

[127] "Consideram-se autoridades, para os efeitos desta lei, os representantes ou administradores das entidades autárquicas e das pessoas naturais ou jurídicas com funções delegadas do Poder Público, somente no que entender com essas funções".

[128] "Equiparam-se às autoridades, para os efeitos desta Lei, os representantes ou órgãos de partidos políticos e os administradores de entidades autárquicas, bem como os dirigentes de pessoas jurídicas ou as pessoas naturais no exercício de atribuições do poder público, somente no que disser respeito a essas atribuições".

[129] "Não é necessário, porém, que o ato violador do direito seja comissivo, pois também os atos omissivos podem causar lesão, desde que haja dever legal da Administração de praticá-los, o que se dá, por exemplo, quando ela deva fornecer certidão, despachar requerimentos etc." (BARBI, *op. cit.*, p. 94).

[130] *Idem*, p. 92.

segurança o controle das prerrogativas da Administração inseridas nas chamadas cláusulas exorbitantes dos contratos administrativos.[131] Por imperatividade assim entende a Professora:

> Imperatividade é o atributo pelo qual os atos administrativos se impõem a terceiros, independentemente de sua concordância.
> Decorre da prerrogativa que tem o Poder Público de, por meio de atos unilaterais, impor obrigações a terceiros; é o que Renato Alessi chama de "poder extroverso", "que permite ao poder público editar atos que vão além da esfera jurídica do sujeito emitente, ou seja, que interferem na esfera jurídica de outras pessoas, constituindo-as, unilateralmente, em obrigações" (*apud* Celso Antônio Bandeira de Mello, 1995: 237).
> A imperatividade não existe em todos os atos administrativos, mas apenas naqueles que impõem obrigações; quando se trata de ato que confere direitos solicitados pela administrado (como na licença, autorização, permissão, admissão) ou de ato apenas enunciativo (certidão, atestado, parecer), esse atributo inexiste.
> A imperatividade é uma das características que distingue o ato administrativo do ato de direito privado; este último não cria qualquer obrigação para terceiros sem a sua concordância.[132]

Como se nota, são dois critérios para dizer a mesma coisa. Quando Agrícola Barbi diz que o Estado atua como pessoa privada, se quer dizer que está praticando atos sob regime de direito privado, pautado na vontade e coordenação. Quando Di Pietro diz que o ato é bilateral ou unilateral não dotado de imperatividade, se está também querendo dizer que o ato é sob regime de direito privado.

Diferentemente da citada Professora, Celso Antônio Bandeira de Mello entende que o atributo que diferencia o ato de direito privado do direito público é a exigibilidade:

> Se compararmos estes diferentes atributos mencionados, vamos verificar que, pela presunção de legitimidade, o ato administrativo, que seja impositivo de uma obrigação, quer seja atributivo de uma vantagem, é presumido como legítimo; pela imperatividade, o ato cria para terceiro, independentemente de sua aquiescência, uma obrigação; pela exigibilidade, o ato sujeita o administrado, à observância de uma dada situação por meios indiretos impostos pela própria Administração, sem

---

[131] DI PIETRO, Maria Sylvia Zanella. Mandado de segurança: ato coator e autoridade coatora. *In*: GONÇALVES, Aroldo Plínio (Coord.). *Mandado de segurança*. Belo Horizonte: Del Rey, 1996. p. 153-154.

[132] *Idem*, p. 191-192.

recorrer ao Judiciário; pela executoriedade, o ato subjuga o administrado à obediência por meio de coação direta aplicada pela Administração, independentemente de ordem judicial.

Cammeo registra — e com razão — que a executoriedade não é do ato, embora comumente se use esta expressão, mas é da pretensão jurídica.

Finalmente, observe-se que tanto a exigibilidade como a executoriedade têm como característica central o fato de se imporem sem necessidade de a Administração ir a juízo. É este o traço que diferencia a situação do ato administrativo em relação ao ato do particular, pois este necessita de uma sentença que torne exigível sua pretensão perante outro sujeito. Uma vez preferida a sentença, caso a parte condenada não a obedeça, o particular necessita de uma execução judicial.

(...)

Excepcionalmente, também existe exigibilidade ou até mesmo executoriedade nas relações de Direito Privado. São casos raríssimos, contudo. Cite-se: o direito do hoteleiro de reter a bagagem do hóspede que não lhe pague a hospedagem. É o caso de exigibilidade do pagamento. Por este meio indireto ele induz o hóspede a saldar sua conta, mas não pode compelir fisicamente à entrega do dinheiro nem pode sacá-lo do bolso do cliente, pelo que não se pode falar em executoriedade; já a retomada da posse de um bem imóvel, imediatamente após o esbulho, facultada a quem sofra tal violação de direito, é caso de executoriedade, pois, nesta hipótese, o ofendido pode, por si mesmo, com uso da força se necessário, garantir-se a posse do bem. Tais casos, entretanto, são excepcionalíssimos no Direito Privado.[133]

Estamos com a Professora, visto que o ato de direito privado "não cria qualquer obrigação para terceiros sem a sua concordância", mas pode, excepcionalmente, ser exigível ou até executável, conforme ilustram os exemplos trazidos pelo próprio Celso Antônio Bandeira de Mello.

Ressaltada a exceção acima discutida, que trata de atos despidos de "autoritariedade" e, portanto, não podem ser considerados na noção de atos de autoridade, esta noção é da maior amplitude.

Em magistral artigo doutrinário, Celso Antônio Bandeira de Mello[134] [135] bem coloca seu amplo alcance, que abarca até mesmo meros comportamentos do Poder Público (fatos administrativos), desde que deles surja constrangimento, não sendo necessário que se trate de ato jurídico.[136]

---

[133] BANDEIRA DE MELLO, *op. cit.*, p. 400-401.

[134] Cf. FERRAZ, *op. cit.*, p. 141.

[135] Cf. FIGUEIREDO, *op. cit.*, p. 88-89.

[136] "Se atentarmos para este fato de que o texto constitucional se refere à proteção do direito, certamente isto acenderá luzes importantes, que servirão como vetor interpretativo dos

A distinção entre ato e fato administrativo — e as consequências desta — é assim tratada por Celso Antônio Bandeira de Mello:

> Atos jurídicos são declarações, vale dizer, são enunciados; são "falas" prescritivas. O ato jurídico é uma pronúncia sobre certa coisa ou situação, dizendo como ela deverá ser. Fatos jurídicos não são declarações; portanto, não são prescrições. Não são falas, não pronunciam coisa alguma. O fato não diz nada. Apenas ocorre. A lei é que fala sobre ele. Donde, a distinção entre ato jurídico e fato jurídico é simplicíssima.
>
> Toda vez que se estiver perante uma dicção prescritiva de direito (seja ela oral, escrita, expressada por mímica ou sinais convencionais) estar-se-á perante um ato jurídico; ou seja, perante um comando jurídico. Quando, diversamente, se esteja ante um evento não prescritivo ao qual o Direito atribua conseqüências jurídicas estar-se-á perante um fato jurídico.
>
> O interesse da distinção entre ato jurídico e fato jurídico, para o Direito Administrativo, reside em que a Administração não só produz atos jurídicos mas também fatos jurídicos, e é preciso, então, separar os atos administrativos dos fatos da Administração, o que só é possível depois destes aclaramentos. Este *discrímen* precisa ser feito porque, como além se verá, (a) atos administrativos podem ser anulados ou revogados, dentro dos limites do Direito; fatos administrativos não são nem anuláveis, nem revogáveis; (b) atos administrativos gozam de presunção de legitimidade; fatos administrativos não; (c) o tema da vontade interessa nos atos administrativos denominados (ainda que a terminologia não seja boa) discricionários, isto é, naqueles em cuja prática a Administração desfruta de certa margem de liberdade; nos fatos administrativos nem se poderia propô-lo.[137]

---

diferentes tópicos a respeito do Mandado de Segurança e particularmente do chamado Ato Coator. A rigor, ainda que na linguagem corrente haja menção a ato coator, não devemos pensar em ato coator, mas sim em comportamento que ameaça ou lesa o direito. Se pensarmos só em ato coator, de algum modo estamos adstritos ao campo dos atos jurídicos. E na verdade é mais do que isso. O Mandado de Segurança não se propõe a ser defesa contra atos jurídicos, mas se propõe a ser uma proteção, contra a violação do direito. Assim, muitos dos problemas fartamente discutidos a respeito do ato coator e da possibilidade de impetração do Mandado de Segurança, e até mesmo, já quanto ao instante em que se conta o prazo para a impetração da segurança, estão de alguma sorte atrelados à idéia de um ato jurídico praticado pelo Estado. Com freqüência nos reportamos a ato administrativo. E o ato administrativo é previamente um ato jurídico. Mas entendo que este enfoque é um enfoque parcial. (...)

Com base nesses pressupostos coloco, como primeiro ponto, que não me parece necessário que haja ato jurídico para que caiba a impetração de Segurança, porque creio afinada com estes pressupostos dantes colocados, e com este pano de fundo de institutos insertos excelentemente nas finalidades do Estado de Direito, que uma simples declaração pública, feita por autoridade responsável, se configure numa ameaça de ofensa a um direito e que, por isso mesmo, poderá alguém, em nome dessa ameaça, impetrar uma Segurança, esperando a ação do Poder Judiciário, a fim de deter aquilo que se poderá concretizar" (BANDEIRA DE MELLO, Celso Antônio. Ato coator. *In*: FERRAZ, Sergio (Org.). *Cinqüenta anos de mandado de segurança*. Porto Alegre: S. A. Fabris, 1986. p. 32, 34-35).

[137] BANDEIRA DE MELLO, *op. cit.*, p. 356-357.

Agustín Gordillo trata do tema com minúcia, concluindo sua análise da seguinte forma:

De lo expuesto resulta que los actos son las decisiones, declaraciones, o manifestaciones de voluntad o de juicio; que los hechos son las actuaciones materiales, las operaciones técnicas realizadas en ejercicio de la función administrativa. Si bien generalmente los hechos son ejecución de actos (en cuanto dan cumplimiento o ejecución material a la decisión que el acto implica), ello no siempre es así y pueden presentarse actos que no sean ejecutados o hechos realizados sin una decisión previa formal. La distinción entre acto y hecho no siempre es fácil, en la práctica, por cuanto el hecho también en alguna medida es expresión de voluntad administrativa; pero en líneas generales pude afirmarse, entonces, que el acto se caracteriza porque se manifiesta a través de declaraciones provenientes de la voluntad administrativa y dirigidas directamente al intelecto de los administrados a través de la palabra oral o escrita, o de signos con un contenido convencional o ideográfico (el gesto del agente de tránsito al elevar el brazo para detener el tránsito; las señales usuales de tránsito, tales como flecha, círculos, etc.); el echo, en cambio, carece de ese sentido mental y constituye nada más que una actuación física o material.[138]

Assim, havendo declaração, teremos um ato jurídico. Não havendo declarações, mas apenas atos materiais da Administração, ou quem lhe faça as vezes, teremos um fato administrativo.

O ato deve ser de efeitos concretos, não se admitindo mandado de segurança contra lei em tese, ou, pela mesma razão, atos normativos gerais e abstratos,[139] conforme Súmula nº 266 do Supremo Tribunal Federal, e ser individualizado, possibilitando, assim, a identificação da autoridade coatora.[140]

Para Hely Lopes Meirelles, o descabimento contra ato normativo geral e abstrato decorreria da impossibilidade de tais atos lesarem direitos concretos por si mesmos.[141] Entendemos, porém, que o melhor argumento não é este, mas sim o caráter de sucedâneo de ação de controle abstrato de constitucionalidade (Ação Direta de Inconstitucionalidade, Ação Declaratória de Constitucionalidade e

---

[138] GORDILLO, Agustín. *Tratado de derecho administrativo*. 6. ed. Belo Horizonte: Del Rey, 2003. p. III-16-17. (El acto administrativo, t. III).

[139] Adotamos o conceito de ato administrativo em sentido amplo de Celso Antônio Bandeira de Mello, que abarca os atos gerais e abstratos e os convencionais, além dos concretos (BANDEIRA DE MELLO, *op. cit.*, p. 367).

[140] BUENO, *op. cit.*, p. 29.

[141] MEIRELLES, 2003, p. 31.

Arguição de Descumprimento de Preceito Fundamental), cuja competência jurisdicional para apreciação é privativa do Supremo Tribunal Federal e o regime processual é próprio, com iniciativa de ajuizamento de ação restrita (conforme arts. 102, I, "a" e §1º, e 103 da Constituição e Leis nºs 9.868/99 e 9.882/99).

É pertinente a observação de Celso Bastos no seguinte sentido: quanto à lei em tese, o mandado de segurança em nada difere das demais ações, com exceção daquelas típicas de controle abstrato e concentrado de constitucionalidade. "Não é, digamos assim, uma característica específica do mandado de segurança, pois, o que se tem na verdade é uma vedação do ingresso em juízo, seja por que forma processual for, para o ataque da lei em tese".[142]

Para Hely Lopes Meirelles[143] e Sergio Ferraz,[144] a situação é diversa quanto às leis e regulamentos proibitivos, pois estes provocariam lesão a direito a partir de sua entrada em vigor, razão pela qual em face deles caberia mandado de segurança, ainda que gerais e abstratos.

Entendemos, com todo o respeito aos ilustres doutrinadores, que os empecilhos acima expostos ao emprego de mandado de segurança em face de normas gerais e abstratas estão plenamente presentes ainda que estas sejam proibitivas.

Não é que as leis proibitivas atinjam por si direitos dos particulares, como entende a corrente sob análise, mas sim que viabilizam a prática de atos administrativos para seu cumprimento, possibilitam a lavratura de autos de infração e a aplicação de sanções. A norma proibitiva geral e abstrata não tem qualquer efeito gravoso sobre os particulares se não aplicada de forma individual e concreta por ato de polícia administrativa.

É bem verdade que os particulares podem com ela se conformar de imediato, no que será efetiva por si. Mas, se pretenderem desobedecê-la, não há constrangimento sem ato administrativo individual e concreto.

Logo, não vemos diferença, neste aspecto, entre as leis proibitivas e não proibitivas.

Se o cidadão pretender impugnar a lei, proibitiva ou não, porque a considera ilegal e abusiva, não é cabível que a ataque diretamente pela via do mandado de segurança, ou mesmo outra via processual difusa. O que pode ser atacado é o ato já praticado ou a ser praticado pela autoridade administrativa com respaldo na norma geral e abstrata.

---

[142] BASTOS, 1982, p. 41.
[143] MEIRELLES, 2003, p. 31.
[144] FERRAZ, *op. cit.*, p. 167.

Pergunta Sergio Ferraz, como reforço a sua posição, "por que esperar o indivíduo sofra o impacto da sanção conectada à proibição, genericamente posta?"[145] A resposta a esta pergunta é que não é preciso esperar, basta a impetração de um mandado de segurança preventivo, não contra a lei, mas contra o ato a ser praticado com respaldo nela, desde que provada a situação concreta de justo receio. Para o cabimento de mandado de segurança preventivo nestes casos "há que se demonstrar que embora o direito individual não tenha sido lesado, o impetrante já está sob o especial foco de uma ameaça lesadora aferida a partir de dados objetivos e não de sentimentos subjetivos".[146] Nestes casos, a lei será afastada em juízo incidentalmente, mas como causa de pedir prejudicial, não como o ato coator.

A solução é ter em mente que as ações de controle abstrato e direto de constitucionalidade são taxativamente previstas na Constituição e o mandado de segurança não é uma delas, devendo ser tratado, no tocante à lei em tese, como qualquer outra ação judicial que não aquelas. Aplaudimos, portanto, neste ponto em especial, a lição de Celso Bastos.[147]

3.3.2 Ato administrativo

Embora não só o ato administrativo esteja sujeito a controle, é ele o objeto mais comum do mandado de segurança.

Por ato administrativo, entendemos a declaração da Administração ou de quem lhe faça as vezes, com efeitos jurídicos sujeitos ao regime jurídico de direito público, voltado à realização do interesse público, praticado com fins de executoriedade e aplicabilidade à lei e sujeito a controle de legalidade pelo Poder Judiciário.[148]

---

[145] FERRAZ, *op. cit.*, p. 167.

[146] BASTOS, 1982, p. 45.

[147] *Idem*, p. 45.

[148] Adotamos, portanto, o conceito de Celso Antônio Bandeira de Mello: "É possível conceituar o ato administrativo como: declaração do Estado (ou de quem lhe faça as vezes – como, por exemplo, um concessionário de serviço público), no exercício de prerrogativas públicas, manifestada mediante providências jurídicas complementares da lei a título de lhe dar cumprimento, e sujeitas a controle de legitimidade por órgão jurisdicional.
Cumpre esclarecer, entretanto, que pode haver alguma hipótese excepcional na qual a constituição regule de maneira inteiramente vinculada um dado comportamento administrativo obrigatório. Em casos desta ordem poderá, então, haver ato administrativo imediatamente infraconstitucional, pois a ausência de lei, da qual o ato seria providência jurídica de caráter complementar, não lhe obstará à expedição.
Ressalte-se as seguintes características contidas no conceito:
a) trata-se de declaração jurídica, ou seja, de manifestação que produz efeitos de direito, como sejam: certificar, criar, extinguir, transferir, declarar ou de qualquer modo modificar direitos ou obrigações;

Dentre os atos administrativos, todos, de qualquer espécie, estão sujeitos a controle via mandado de segurança, *desde que tenham efeitos concretos.*

Assim, não só os atos administrativos típicos, praticados pelo Executivo, são sujeitos a mandado de segurança, como também os atos administrativos atípicos, praticados pelo Judiciário e pelo Legislativo, no exercício de função administrativa atípica.[149]

No âmbito de procedimentos administrativos,[150] não é necessário o aguardo do ato final, podendo ser impugnado qualquer ato do procedimento deflagrador da coação.[151]

---

b) provém do Estado, ou de quem esteja investido em prerrogativas estatais;
c) é exercida no uso de prerrogativas públicas, portanto, de autoridade, sob regência do Direito Público. Nisto se aparta dos atos de Direito Privado;
d) consiste em providências jurídicas complementares da lei ou excepcionalmente da própria Constituição, sendo aí estritamente vinculadas, a título de lhes dar cumprimento. Com isto diferencia-se o ato administrativo da lei. É que os atos administrativos são infralegais e nas excepcionalíssimas hipóteses em que possa acudir algum caso atípico de ato administrativo imediatamente descrito na Constituição (um comportamento que a Administração deva obrigatoriamente tomar mesmo à falta de lei sucessiva) a providência jurídica da Administração será, em tal caso, ao contrário da lei, plenamente vinculada;
e) sujeita-se a exame de legitimidade por órgão jurisdicional. Vale dizer, não possui definitividade perante o Direito, uma vez que pode ser infirmada por força de decisão emitida pelo Poder estatal que disponha de competência jurisdicional: entre nós, o Poder Judiciário. Com isto diferencia-se o ato administrativo da sentença" (BANDEIRA DE MELLO, *op. cit.*, p. 366-367).

[149] "De outro lado, há atos que não são praticados pela Administração Pública, mas que devem ser incluídos entre os atos administrativos, porquanto se submetem à mesma disciplina jurídica aplicável aos demais atos da Administração, habitualmente reputados como atos administrativos. Por exemplo, os atos relativos à vida funcional dos servidores do Legislativo e do Judiciário, praticados pelas autoridades destes Poderes, ou as licitações efetuadas nestas esferas" (*Idem*, p. 366).

[150] "É uma sucessão itinerária e encadeada de atos administrativos tendendo todos a um resultado final e conclusivo. (...)
Nos procedimentos administrativos, os atos previstos como anteriores são condições indispensáveis à produção dos subseqüentes, de tal modo que estes últimos não podem validamente ser expedidos sem antes completar-se a fase precedente. Além disto, o vício jurídico de um ato anterior contamina o posterior, na medida em que haja entre ambos um relacionamento lógico incindível.
O procedimento administrativo não se confunde com os atos complexos, pois neste há unidade na função das declarações jurídicas que os compõem, ao passo que no procedimento seus atos desempenham funções distintas, com autonomia e, portanto, heterogeneidade de função" (BANDEIRA DE MELLO, *op. cit.*, p. 421-422).

[151] FIGUEIREDO, *op. cit.*, p. 95.

Nos atos de controle,[152] tal qual, a nosso ver, nos compostos,[153] há de se perquirir qual o ato ensejador da constrição, o controlado ou o controlador. Caso o ato controlador ratifique a constrição do controlado, aquele será o coator e não este.[154]

Concluímos, assim, que nos atos compostos consumados a coação se manifesta no ato de formação final, do qual decorre a eficácia, este sempre o próprio coator impugnável, pois controla o anterior, numa relação de subordinação. Assim, sendo o primeiro ato viciado, o segundo que o confirma o será necessariamente e, ainda, atrairá para si toda a carga decisória do ato composto. Nos não consumados, é possível que o ato controlado provoque constrangimento ou ameaça e, portanto, seja o coator impugnável.

Nos atos complexos,[155] embora apenas do último dos atos necessários decorram efeitos, os atos anteriores são pressupostos de validade dos ulteriores, deles emanando ameaça de lesão, de forma que, "em tese, não é, apenas, do último ato que se poderá dar impugnação judicial".[156]

Entendemos que nos atos complexos consumados a coação se manifesta com o ato final, que faz eclodir a eficácia, mas o coator impugnável pode ser apenas um dos atos de formação, podendo até

---

[152] "Atos controladores – são os que confirmam ou infirmam a legitimidade dos atos do procedimento ou a oportunidade da decisão final" (BANDEIRA DE MELLO, *op. cit.*, p. 423).

[153] "Ato composto é o que resulta da manifestação de dois ou mais órgãos, em que a vontade de um é instrumental em relação a de outro, que edita o ato principal. Enquanto no ato complexo fundem-se vontades para praticar um ato só, no ato composto, praticam-se dois atos, um principal e outro acessório; este último pode ser pressuposto ou complementar daquele. Exemplo: a nomeação do Procurador Geral da República depende de prévia aprovação pelo Senado (art. 128, §1º, da Constituição), a nomeação é o ato principal, sendo a aprovação prévia o ato acessório, pressuposto do principal. A dispensa de licitação, em determinadas hipóteses, depende de homologação pela autoridade superior para produzir efeitos; a homologação é ato acessório, complementar do principal.
Os atos, em geral, que dependem de autorização, aprovação, proposta, parecer, laudo técnico, homologação, visto etc., são atos compostos.
Não é fácil distinguir o ato composto do procedimento; por isso mesmo, Celso Antônio Bandeira de Mello nega a existência dessa categoria; com efeito, no ato composto existe um ato principal e um acessório; no procedimento existe um ato principal e vários atos acessórios; nas duas hipóteses a falta de um ato acessório ou o vício em qualquer deles invalida o ato principal" (DI PIETRO, 2002, p. 214-215).

[154] FIGUEIREDO, *op. cit.*, p. 98-100.

[155] "Atos complexos são os que resultam da manifestação de dois ou mais órgãos, sejam eles singulares ou colegiados, cuja vontade se funde para formar um ato único. As vontades são homogêneas; resultam de vários órgãos de uma mesma entidade ou de entidades públicas distintas, que se unem em uma só vontade para formar o ato; há identidade de conteúdo e fins. Exemplo: o decreto que é assinado pelo Chefe do Executivo e referendado pelo Ministro de Estado; o importante é que há duas ou mais vontades para a formação de um ato único" (DI PIETRO, 2002, p. 214).

[156] FIGUEIREDO, *op. cit.*, p. 100-101.

mesmo ser apenas o anterior. Isso porque nesta espécie de atos não há subordinação, mas coordenação, não há controle do segundo sobre o primeiro, de forma que é perfeitamente possível que sendo o primeiro ato viciado o segundo seja válido. Pode ocorrer também de serem todos os atos de formação viciados, todos eles atos coatores impugnáveis.

Nos atos complexos não consumados, é possível que o ato praticado no *iter* cause por si ameaça de constrangimento e, assim, seja o coator impugnável.

Quanto aos atos colegiados,[157] estes somente existirão quando completada a deliberação, dada a possibilidade de reconsideração dos atos anteriores. Assim, "somente existirá ato coator ao cabo de todas as manifestações individuais, quando for emanado o provimento colegial".[158]

3.3.3 Ato político

Os atos políticos, tidos como aqueles "praticados com margem de discricionariedade e diretamente em obediência à Constituição, no exercício de função puramente política"[159] também podem ser atos coatores para fins de mandado de segurança.

> Os atos chamados políticos ou de economia interna não se furtam de se curvarem devidamente à Constituição. É verdade, sim, que abrigam, esses atos, maior parcela de discricionariedade, porém seu controle é imperioso para verificar se a autoridade ter-se-ia quedado dentro dos lindes de sua competência.

> Assim, os chamados atos políticos podem constranger indevidamente e assujeitam-se à possibilidade de serem contrastados pela via do mandado de segurança, se presentes os demais pressupostos, sobretudo a ausência de controvérsia factual.[160]

---

[157] "Atos simples – os que são produzidos pela declaração jurídica de um único órgão. Exemplo: uma licença de habilitação para dirigir automóvel.
Os atos simples podem ser simples singulares e simples colegiais.
No primeiro caso a vontade expressada no ato provém de uma só autoridade, como é corrente.
No segundo caso provém do concurso de várias vontades unificadas de um mesmo órgão no exercício de uma mesma função jurídica e cujo resultado final substancia-se na declaração do órgão colegial. É o caso das decisões de Comissões, Conselhos etc." (BANDEIRA DE MELLO, *op. cit.*, p. 407).

[158] FIGUEIREDO, *op. cit.*, p. 101-102.

[159] BANDEIRA DE MELLO, *op. cit.*, p. 365.

[160] FIGUEIREDO, *op. cit.*, p. 122.

Logo, os atos políticos são tão sujeitos ao mandado de segurança quanto os atos administrativos expedidos no exercício de competência discricionária.

Cabe aqui alguma consideração acerca da discricionariedade e seu controle pelo Poder Judiciário, premissa que será útil também na análise, mais adiante, do ato coator *interna corporis*. Neste tema, adotamos inteiramente a lição de Celso Antônio Bandeira de Mello:

> Em síntese conclusiva: os motivos e a finalidade indicados na lei, bem como a causa do ato, fornecem as limitações ao exercício da discrição administrativa.
>
> Mesmo quando a norma haja se servido de conceitos práticos, isto é, algo imprecisos, para designar os motivos ou a finalidade, ainda persistem como prestantes para demarcar a discrição. Isto porque todo conceito, por imperativo lógico, é uma noção finita, que tem contornos reconhecíveis.
>
> (...)
>
> É, pois, precisamente em casos que comportam discrição administrativa que o socorro do Judiciário ganha foros de remédio mais valioso, mais ambicionado e mais necessário para os jurisdicionados, já que a pronúncia representa a garantia última para contenção do administrador dentro dos limites de liberdade efetivamente conferidos pelo sistema normativo.
>
> Finalmente, este proceder do Judiciário não elimina a discricionariedade e nem pode fazê-lo pena de agravo à própria lei. Deveras: à perquirição judicial nunca assistirá ir além dos limites de significação objetivamente desentranháveis da norma legal, conquanto valendo-se desassobradamente das vias mencionadas.
>
> O campo de apreciação meramente subjetiva — seja por conter-se no interior das significações efetivamente possíveis de um conceito legal fluido e impreciso, seja por dizer com a simples conveniência ou oportunidade de um ato — permanece exclusivo do administrador e indevassável pelo juiz, sem o quê haveria substituição de um pelo outro, a dizer, invasão de funções que se poria às testilhas com o próprio princípio da independência dos Poderes, consagrado no art. 2º da Lei Maior.[161]

Também importante é abordagem dada por Eduardo García de Enterría e Tomás-Ramón Fernández, segundo quem o Judiciário pode não só anular o ato discricionário para que a Administração, podendo, pratique outro hígido, como pode substituir o ato por si, assegurando

---

[161] BANDEIRA DE MELLO, *op. cit.*, p. 943-944, 945-946.

uma tutela jurisdicional efetiva, desde que no caso concreto se mostre presente uma única solução possível, ainda que o ato seja abstratamente discricionário:

> La respuesta, sin embargo, es muy simples: la esencia de la discrecionalidad radica en la existencia de una pluralidad de soluciones entre las cuales la Administración puede elegir con libertad, supuesto que para la norma habilitante todas ellas son igualmente aceptables, en principio. De ello se sigue que el control de la discrecionalidad opera como un control de la observancia de los límites que la Ley y el Derecho establecen en cada caso para enmarcar esa libertad de elección. El desenlace de un proceso trabado a propósito de una decisión discrecional será por ello, normalmente, la anulación de dicha decisión cuando, en efecto, rebase o exceda los limites en cuestión. El artículo 72.2 LJ precisa, por ello, como regla general, que se las Sentencias estimatorias no podrán sustituir los preceptos de una disposición general << ni podrán determinar el contenido discrecional de los actos anulados >>.

> Ocurre, sin embargo, con alguna frecuencia que esa inicial pluralidad de soluciones alternativas que la norma habilitante de um poder discrecional hace posible se reduce notablemente em los casos concretos, como consecuencia natural del propio procedimiento administrativo que la Administración viene obligada a seguir en todo caso para efectuar la elección que esa norma permite. Para eso está, precisamente, el procedimiento administrativo, cuya función institucional es asegurar <<la legalidad, acierto y oportunidad>> de las decisiones de la Administración. Trabado el proceso contencioso-administrativo contra la decisión concretamente adoptada, es también posible que como consecuencia del mismo el abanico de alternativas disponibles se reduzca todavía más e, incluso, que desaparezca y solo quede em pie al final del mismo una única solución. Eso es lo que la doctrina alemana llama de reducción a cero (Ermessens reduzierung auf Null) de la discrecionalidad. Cuando ésta se produce en un proceso dado, es absolutamente inevitable que el juez lo reconozca así e incorpore al fallo esa única solución ya posible, porque así lo impone la lógica más elemental y así lo exige, en fin, el derecho fundamental a una tutela jurisdiccional efectiva y plena que reconoce y garantiza el artículo 24 de la Constitución.[162]

Em nosso ordenamento também é possível falar em princípio constitucional à tutela jurisdicional efetiva, que se extrai do art. 5º, XXXV e LIV, da Constituição, determinando, mais que possibilitando,

---

[162] GARCÍA DE ENTERRÍA, Eduardo; FERNÁNDEZ, Tomás-Ramón. *Curso de derecho administrativo*. Buenos Aires: La Ley, 2006. v. 1, p. 490-491.

o efetivo controle dos atos discricionários, podendo, em alguns casos, até mesmo serem substituídos pela sentença, na linha do acima exposto, o que vale também para os atos políticos.

A diferença é que aqueles têm maior campo de discricionariedade, e, portanto, de mérito não controlável por outro Poder, além de se submeterem diretamente à Constituição.

3.3.4 Decisão Judicial

As decisões judiciais[163] são atos coatores para fins de mandado de segurança, sejam cíveis, trabalhistas, criminais, militares ou eleitorais, desde que não haja recurso cabível ou este não tenha efeito suspensivo.[164]

As condicionantes são trazidas pelo art. 5º, II, da Lei nº 1.533/51, mantidas pelo art. 5º, II, da Lei nº 12.016/09, e estão em consonância com o caráter residual do mandado de segurança e sua natureza de ação, não de recurso, que não pode fazer-lhe as vezes, quando há algum cabível.[165] [166] Como bem sustenta Scarpinella Bueno, o caso é de falta de interesse jurídico.[167]

Ainda que o recurso cabível não tenha efeito suspensivo, o mandado de segurança não pode ser um sucedâneo, mas será viável para o único fim de conferir tal efeito.[168]

Também não é adequado o mandado de segurança em face de coisa julgada,[169] [170] [171] "uma qualidade especial da sentença, que consiste na imutabilidade do ato jurisdicional (coisa julgada formal) e na indiscutibilidade dos seus efeitos (coisa julgada material)".[172] Esta é igualmente

---

[163] "Função jurisdicional é a função que o Estado, e somente ele, exerce por via de decisões que resolvem controvérsias com força de 'coisa julgada', atributo este que corresponde à decisão proferida em última instância pelo Judiciário e que é predicado desfrutado por qualquer sentença ou acórdão contra o qual não tenha havido tempestivo recurso" (BANDEIRA DE MELLO, *op. cit.*, p. 36).

[164] MEIRELLES, 2003, p. 33.

[165] Em sentido contrário, pela inconstitucionalidade da regra legal posiciona-se o Sergio Ferraz (FERRAZ, *op. cit.*, p. 175-176).

[166] Cf. BUZAID, *op. cit.*, p. 139-150.

[167] BUENO, *op. cit.*, p. 60-61.

[168] Neste caso, como já visto supra, Celso Agrícola Barbi atribui ao *writ* natureza tipicamente cautelar.

[169] MEIRELLES, 2003, p. 38.

[170] Celso Bastos bem observa que em face da coisa julgada não se pode falar em direito líquido e certo (BASTOS, 1982, p. 50-51).

[171] BUZAID, *op. cit.*, p. 139-143.

[172] *Idem*, p. 140.

garantia constitucional, conforme art. 5º, XXXVI, tutelando o direito a segurança jurídica, princípio fundamental dos mais importantes.[173]

Pode-se dizer que nenhum princípio fundamental é absoluto, mas, havendo conflito aparente entre eles, deve-se buscar sua harmonização, podendo prevalecer, no caso concreto, um sobre o outro, conforme a aplicação do princípio da proporcionalidade.

Não cremos que o princípio da segurança jurídica possa ceder passo em face do mandado de segurança, bastando que se alegue que a decisão transitada em julgado é ato ilegal ou abusivo em face de direito líquido e certo. Ora, sabemos a amplitude da utilização do mandado de segurança nos dias de hoje, o bastante para temer pela integridade da segurança jurídica, caso se entenda que a coisa julgada pode ceder à simples impetração de um mandado de segurança.[174]

Seria cabível, isso sim, nos casos extremos em que já se admite a impugnação à coisa julgada por outras vias judiciais (erro material ou *querella nulitatis*).[175]

---

[173] "Finalmente, cumpre fazer menção a um princípio comum a todo e qualquer sistema jurídico e que, obviamente, não é específico do Direito Administrativo, mas nele possui notável relevo, a saber: o princípio da segurança jurídica, o qual, se acaso não é o maior de todos os princípios gerais de direito, como acreditamos que efetivamente o seja, por certo é um dos maiores dentre eles. Por força do sobredito princípio cuida-se de evitar alterações surpreendentes que instabilizem a situação dos administrados e de minorar os efeitos traumáticos que resultem de novas disposições jurídicas que alcançariam situações em curso. A prescrição, o direito adquirido, são exemplos de institutos prestigiadores da segurança jurídica" (BANDEIRA DE MELLO, *op. cit.*, p. 83).

[174] Acerca da doutrina processualista da relativização da coisa julgada, apresenta-se análise de Didier Jr., Braga e Oliveira compactuando com suas conclusões: "Há na doutrina quem entenda que a decisão judicial não pode se cristalizar quando injusta ou inconstitucional. Nestes casos, não produziria coisa julgada material, podendo a decisão ser revista, revisada, a qualquer tempo, por critérios e meios atípicos. Trata-se de movimento recente que vem propondo a chamada relativização da coisa julgada atípica — já que há hipóteses de revisão da coisa julgada típicas que, dessa forma, já é relativa, como percebeu BARBOSA MOREIRA. Os primeiros a suscitar a tese da relativização da coisa julgada no Brasil foi JOSÉ AUGUSTO DELGADO, ministro do Superior Tribunal de Justiça. Defendeu, a partir da sua experiência na análise de casos concretos, a revisão da carga imperativa da coisa julgada toda vez que afronte os princípios da moralidade, legalidade, razoabilidade e proporcionalidade, ou se desafine com a realidade dos fatos. A lição foi difundida por autores como HUMBERTO TEODORO JR., JULIANA CORDEIRO e CÂNDIDO RANGEL DINAMARCO.
(...)
O problema é que admitir-se a relativização com base na existência de injustiça — que ocorreria com a violação de princípios e direitos fundamentais do homem, tal como acima exposto —, significa franquear-se ao Judiciário uma cláusula geral de revisão da coisa julgada, que pode dar margem a interpretações das mais diversas, em prejuízo da segurança jurídica.
(...)
Assumimos que não vemos com bons olhos um movimento que busca relativizar a coisa julgada por critérios atípicos. Não podemos compactuar com a idéia de uma 'cláusula aberta de revisão de sentenças' em razão de injustiça/desproporcionalidade/inconstitucionalidade" (DIDIER JR.; BRAGA; OLIVEIRA, *op. cit.*, p. 504-505, 507).

[175] "Admite-se, em nosso sistema, como instrumentos de revisão da coisa julgada material: a) a ação rescisória; b) a *querella nullitatis* (art. 741, I, CPC) ou *exceptio nullitatis* (art. 475-L, I, CPC);

O descabimento de mandado de segurança em face de coisa julgada é hoje expresso no art. 5º, III, da Lei nº 12.016/09, que insere no direito positivo entendimento consolidado na doutrina e na jurisprudência.

Por fim, cabe observar a doutrina de Arlette Aurelli, acerca do emprego de mandado de segurança em face de ato judicial, na prática do processo civil:

> Após a edição da Lei 9.139/1995, que modificou a sistemática do recurso de agravo, estabelecendo no art. 588, *caput*, parágrafo único, a possibilidade de concessão de efeito suspensivo ao recurso, bem como com a previsão da possibilidade de concessão de tutela antecipada recursal, o campo profícuo para a impetração de mandado de segurança contra atos judiciais ficou consideravelmente reduzido.[176]
>
> (...)
>
> Com o advento da lei 11.187, de 20.10.2005, porém, que estabeleceu a interposição do agravo retido, como regra, ainda que a intenção do legislador tenha sido a de agilizar a prestação da tutela jurisdicional, o que se verifica é que a impetração do mandado de segurança contra ato judicial voltou a ser extremamente necessária como único meio de evitar a lesão e proteger o direito da parte.[177]

Apreciado o ato coator judicial, passemos ao trato do ato coator legislativo.

3.3.5 Ato legislativo

Consoante já averbamos, contra lei em tese não cabe o mandado de segurança, mas em face dos atos administrativos atipicamente emanados do Poder legislativo a ação é pertinente.

Há, ainda, o caso da lei formal, ou lei de efeitos concretos, lei esta com a forma legislativa, mas conteúdo típico de ato administrativo concreto.[178] Dado seu conteúdo, tal espécie de lei é também atacável via mandado de segurança, como se ato administrativo fosse.

---

c) impugnação com base na existência de erro material; d) a impugnação da sentença inconstitucional (com base no art. 475-L, §1º, e 741, parágrafo único do CPC)" (*Idem*, p. 504).

[176] AURELLI, *op. cit.*, p. 163.

[177] *Idem*, p. 164.

[178] "Por leis e decretos de efeitos concretos entendem-se aqueles que trazem em si mesmos o resultado específico pretendido, tais como as leis que aprovam planos de urbanização, as que fixam limites territoriais, as que criam municípios ou desmembram distritos, as que concedem isenções fiscais; as que proíbem atividades ou condutas individuais; os decretos que desapropriam bens, os que fixam tarifas, os que fazem nomeações e outros dessa espécie. Tais leis ou decretos nada têm de normativos; são atos de efeitos concretos, revestindo a forma imprópria de lei ou decreto por exigências administrativas" (MEIRELLES, 2003, p. 40).

Há divergências quanto ao cabimento de mandado de segurança em face de projeto de lei ou emenda constitucional, bem como de atos *interna corporis*.

No tocante ao primeiro caso, estamos com o entendimento hoje predominante no Supremo Tribunal Federal, manifestado em julgado de relatoria do eminente Ministro Celso de Mello, que, conforme bem analisa a doutrina do eminente Ministro Menezes Direito, é no sentido do cabimento do mandado de segurança para defesa do devido processo legislativo constitucional, mas, neste caso, o direito líquido e certo a ensejar a impetração é do parlamentar, não do cidadão:

> O parlamentar, fundado na sua condição de co-partícipe no procedimento de elaboração das normas estatais, dispõe da prerrogativa de impugnar o eventual descumprimento, pela instituição parlamentar, das cláusulas constitucionais que lhe condicionam a validade jurídica.
>
> (...)
>
> o eventual interesse do contribuinte em não sofrer a ação impositiva do Poder Público, fundada em norma constitucional ainda em fase de elaboração, e alegadamente limitadora da garantia da anterioridade da lei tributária, não se eleva à condição de direito líquido e certo para efeito do processo mandamental.[179]

De fato, não há que falar em impugnação do projeto de lei em tese, pelas mesmas razões do descabimento da impugnação da própria lei em tese, com a agravante de que sequer em controle concentrado de inconstitucionalidade se pode impugnar projeto de lei. Ademais, ao particular não há lesão ou ameaça de lesão alguma no mero projeto de lei, que pode ser alterado, rejeitado ou vetado. O que se tutela, quando cabível o controle via *writ* do projeto de lei, é "a liberdade dos corpos legislativos no exercício dos seus poderes constitucionais".[180]

As maiores divergências se verificam quanto ao controle jurisdicional dos atos *interna corporis*. A doutrina concorda que tais atos não devem se sujeitar ao controle do Judiciário, no quanto afeto a questões internas ao poder legislativo, sob pena de ofensa ao princípio da separação dos poderes. O problema reside na conceituação de um ato como *interna corporis* e em que ponto estariam sujeitos apenas ao controle interno do Poder que os pratica.

---

[179] DIREITO *apud* Celso de Mello, *op. cit.*, p. 35-36.
[180] Comentário de Menezes Direito quanto ao entendimento do eminente Ministro Moreira Alves (DIREITO, *op. cit.*, p. 37).

A importância da questão é bem ressaltada pelo eminente Ministro Menezes Direito:

De fato, é muito importante que o juiz avalie com prudência as condições da impetração. O princípio da separação dos poderes está na raiz da chamada questão *interna corporis*, com o que não pode ser ela desprezada pelo rigor com que se deve aplicar o princípio do livre acesso ao Poder Judiciário.[181]

A nosso ver, a melhor solução é a dada por Hely Lopes Meirelles, para quem:

Interna corporis são só aquelas questões ou assuntos que entendem direta e imediatamente com a economia interna da corporação legislativa, com seus privilégios e com a formação ideológica da lei, que, por sua própria natureza, são reservados à exclusiva apreciação e deliberação do Plenário da Câmara. Tais são os atos de escolha da Mesa (eleições internas), os de verificação de poderes e incompatibilidades de seus membros (cassação de mandatos, concessão de licenças etc.) e os de utilização de suas prerrogativas institucionais (modo de funcionamento da Câmara, elaboração de regimento, constituição de comissões, organização de serviços auxiliares etc.) e a valoração das votações.

Daí não se conclua que tais assuntos afastam, por si sós, a revisão judicial. Não é assim. O que a Justiça não pode é substituir a deliberação da Câmara por um pronunciamento judicial sobre o que é de exclusiva competência discricionária do Plenário, da Mesa ou da Presidência. Mas pode confrontar sempre o ato praticado com as prescrições constitucionais, legais ou regimentais que estabeleçam condições, forma ou rito para seu cometimento.

(...)

Nesta ordem de idéias, conclui-se que é lícito ao Judiciário perquirir da competência das Câmaras e verificar se há inconstitucionalidades, ilegalidades e infringências regimentais nos seus alegados *interna corporis*, detendo-se, entretanto, no vestíbulo das formalidades, sem adentrar o conteúdo de tais atos, em relação aos quais a corporação legislativa é, ao mesmo tempo, destinatária e juiz supremo de sua prática.[182]

Em outra obra, trata novamente da questão:

Por deliberações legislativas atacáveis por mandado de segurança entendem-se as decisões do Plenário ou da Mesa ofensivas de direito

---

[181] *Idem*, p. 43.

[182] MEIRELLES, Hely Lopes. *Direito administrativo brasileiro*. 29. ed. São Paulo: Malheiros, 2004. p. 686-687.

individual ou coletivo de terceiros, de membros da Corporação, das Comissões, ou da própria Mesa, no uso de suas atribuições e prerrogativas institucionais. As Câmaras Legislativas não estão dispensadas da observância da Constituição, da lei em geral e do Regimento Interno em especial. A tramitação e a forma dos atos do Legislativo são sempre vinculadas às normas legais que os regem; a discricionariedade ou soberania dos corpos legislativos só se apresenta na escolha do conteúdo da lei, nas opções da votação e nas questões *interna corporis* de sua organização representativa.[183]

Portanto, entende o ilustre doutrinador pela sujeição ao *mandamus* de todos os atos praticados por parlamentares que não sejam de âmbito exclusivo e direto do Legislativo, que não venham a violar a Constituição, a lei ou o Regimento, tais como os praticados "na elaboração da lei, na votação das proposições ou na administração do Legislativo".[184]

Extremamente oportunas são as observações de Lúcia Valle Figueiredo, que se posiciona na mesma corrente de Hely Lopes Meirelles, mas traçando um paralelo direto entre o tratamento dado aos atos discricionários e aos atos *interna corporis*:

> Outrora se pretendeu que os atos administrativos discricionários abrigassem condutas desconformes do ordenamento jurídico, condutas com caracteres de arbitrariedades. E, ao que parece, segue-se, hoje, na mesma trilha com os denominados *interna corporis*, em que se pretende dar abrangência por demais ampla, violando-se, assim, garantias constitucionais.[185]
>
> (...)
>
> É preciso, pois, advirta-se, confiná-los (os *interna corporis*), como já foi feito com os discricionários, em sua justa moldura e não alargar o conceito a dimensões insuportáveis, a excluir da possibilidade de contraste jurisdicional lesões perpetradas ao abrigo de atingimento da economia interna do Poder, seja ele, repito, o Legislativo ou o próprio Judiciário.[186]

Como se vê, a resposta à questão "o que seria um ato *interna corporis* e em que ponto estariam sujeitos apenas ao controle interno" é (e deve ser) extremamente restritiva, a fim de se preservar a legalidade e a inafastabilidade da jurisdição.

---

[183] MEIRELLES, 2003, p. 40-41.

[184] *Idem*, p. 34.

[185] FIGUEIREDO, *op. cit.*, p. 107.

[186] *Idem*, p. 111.

3.3.6 Ato de particulares em atividade colaborada com o Estado

Nos termos da Constituição, o mandado de segurança pode ser impetrado em face de atos de "agente de pessoa jurídica no exercício de atribuições do Poder Público". Tal disposição recepciona o §1º do art. 1º da Lei nº 1.533/51 no que considera "autoridades para os efeitos desta lei os administradores ou representantes de entidades autárquicas e das pessoas naturais ou jurídicas com funções delegadas do poder público, somente no que entender com essas funções".

A nova Lei nº 12.016/09 mantém a norma, dispondo, em seu art. 1º, §1º, que "equiparam-se às autoridades, para os efeitos desta Lei, os representantes ou órgãos de partidos políticos e os administradores de entidades autárquicas, bem como os dirigentes de pessoas jurídicas ou as pessoas naturais no exercício de atribuições do poder público, somente no que disser respeito a essas atribuições".

Quanto aos agentes autárquicos, não há dúvida, podem ser tidos como sujeitos que expedem atos administrativos, representantes do Estado, por sua Administração Indireta.

Contudo, os demais agentes indicados são dotados de personalidade jurídica de direito privado, agindo, contudo, como autoridades públicas, sob regime de direito público, por delegação do Estado.

São os chamados particulares em colaboração com o Poder Público, na lição de Celso Antônio Bandeira de Mello:

> Essa terceira categoria de agentes é composta por sujeitos que, sem perderem sua qualidade de particulares — portanto de pessoas alheias à intimidade do aparelho estatal (com exceção única dos recrutados para serviço militar) —, exercem função pública, ainda que às vezes apenas em caráter episódico.[187]

Para o ilustre doutrinador, os particulares em colaboração classificam-se em: requisitados,[188] gestores de negócios,[189] contratados por locação

---

[187] BANDEIRA DE MELLO, *op. cit.*, p. 240.

[188] "Para prestação de atividade pública, quais os jurados, membros de Mesa receptora ou apuradora de votos quando das eleições, recrutados para o serviço militar obrigatório etc. Estes agentes exercem *munus público*" (*Idem*, p. 240).

[189] "Os que *sponte propria* assumem a gestão da coisa pública como 'gestores de negócios públicos', perante situações anômalas, para acudir a necessidades públicas prementes" (*Idem*, p. 240).

civil de serviços[190] e concessionários e permissionários de serviços públicos, bem como os delegados de função ou ofício público.[191]

Prima facie, numa interpretação restritiva da lei de 1951, pode-se entender que apenas os da última categoria poderiam praticar atos de autoridade, eis que delegatários em sentido estrito, aptos à prática de atos dotados de força jurídica oficial.

Contudo, nos parece que quaisquer particulares em colaboração, no exercício de função pública, podem praticar atos coatores sujeitos a controle via mandado de segurança.

Nesse sentido, Celso Antônio Bandeira de Mello:

> A contrapartida dos poderes inerentes a uma função considerada pelo Estado como sendo pública é a sujeição aos métodos e critérios peculiares de sujeição do comportamento deste aos objetivos legais. Por isso, cabe mandado de segurança contra um diretor de faculdade particular reconhecida, com relação a atos que digam respeito à sua atividade ordenadora ou decisória do ensino. É evidente que essa autoridade não é um funcionário, nem mesmo um servidor público. Assim, também, um tabelião, um escrivão, ambos particulares, alheios pois ao conceito de funcionário ou de servidor público, podem ser sujeitos passivos do mandado de segurança, porque são agentes públicos, exercem função pública delegada.[192]

O referido artigo da Lei nº 12.016/09 afasta qualquer dúvida, ao dispor, com maior rigor técnico, que serão autoridades não apenas os particulares delegatários, mas todos aqueles "no exercício de atribuições do poder público".

Ressaltamos, porém, que não basta serem agentes públicos. Nem todos os atos destes são sindicáveis via mandado de segurança, mas apenas aqueles cujo conteúdo traduz uma manifestação delegada do Poder Público.[193] Em outros termos, atos dotados dos atributos típicos dos atos administrativos.

---

[190] "Como por exemplo um advogado ilustre contratado para sustentação oral perante os Tribunais" (BANDEIRA DE MELLO, *op. cit.*, p. 240).

[191] "Quais os titulares de serventias da Justiça não oficializadas, como é o caso dos notários, *ex vi* do art. 236 da Constituição, e bem assim outros sujeitos que praticam, com o reconhecimento do Poder Público, certos atos dotados de força jurídica oficial, como ocorre com os diretores de Faculdades particulares reconhecidas" (*Idem*, p. 241).

[192] BANDEIRA DE MELLO, Celso Antônio. *Apontamentos sobre os agentes e órgãos públicos.* 4. tiragem. São Paulo: Revista dos Tribunais, 1984. p. 5.

[193] DIREITO, *op. cit.*, p. 29.

Em tais casos, necessário se torna distinguir os atos praticados com autoridade decorrente da delegação, dos atos realizados no interesse interno e particular do estabelecimento, da empresa ou da instituição. Aqueles podem ser atacados por mandado de segurança; estes não. Assim, quando o diretor de uma escola particular nega ilegalmente uma matrícula, ou a instituição bancária rejeita ilegalmente uma operação de crédito, ou a empresa comete uma ilegalidade no desempenho da atribuição delegada, cabe segurança. Mas quando tais entidades, por seus dirigentes, realizam atividade civil ou comercial estranha à delegação, respondem perante a Justiça como particulares desvestidos de autoridade pública, e por isso se sujeitam às ações comuns, excluído o *mandamus*.[194]

Questão controversa é a sujeição ou não de atos de partidos políticos ao controle pela via mandamental.

Vimos que a Lei nº 6.978/82 inseriu no §1º do art. 1º da Lei nº 1.533/51 "os representantes ou órgãos dos Partidários Políticos" que foram excluídos com o advento da Lei nº 9.259/96 e novamente considerados como autoridades no art. 1º, §1º, da Lei nº 12.016/09. Afinal, teriam ou não os atos dos partidos políticos caráter público suficiente a ensejar o controle pelo mandado de segurança?

A questão é magistralmente tratada pelo eminente Ministro Menezes Direito, não deixando dúvidas:

> Sob o regime constitucional anterior, a organização e o funcionamento dos partidos políticos submetiam-se estritamente aos lindes da legislação específica que impunha regras minuciosas até mesmo para o funcionamento dos órgãos partidários. Esse fato dava aos partidos políticos uma natureza especial na área do direito público interno. Contudo, a Constituição Federal de 1988 alterou substantivamente a disciplina jurídica dos partidos políticos. No art. 17, estabeleceu a liberdade para a "criação, fusão, incorporação e extinção de partidos políticos", prescrevendo o §1º que os partidos terão assegurada a autonomia para definir sua estrutura interna, organização e funcionamento, com o que os liberou da tutela anteriormente existente.

> Com as novas regras constitucionais, os partidos políticos não guardam qualquer semelhança com entes de direito público, capazes de exercer autoridade pública. Sendo assim, parece-me sem lastro o cabimento do *writ* contra ato das direções partidárias, devendo a tutela jurisdicional, quando cabível, estar presente no âmbito dos recursos próprios da Justiça Eleitoral, esgotadas as possibilidades estatutárias. Por outro

---

[194] MEIRELLES, 2003, p. 50-51.

Capítulo 3
Conceitos Fundamentais sobre Mandado de Segurança | 79

lado, há instrumentos eficazes próprios, sendo desnecessário o recurso, a meu ver, equivocado, ao mandado de segurança.[195]

Após esta explicação, arrola algumas decisões do Tribunal Superior Eleitoral admitindo mandado de segurança em face de atos partidários, em casos excepcionais, nos quais se reconheceu o exercício de autoridade pública aos partidos,[196] para concluir:[197]

> Verifica-se, portanto, que a configuração do ato de autoridade, segundo a jurisprudência, vai depender da existência de circunstâncias concretas, especialíssimas, mesmo presente a nova disciplina dos partidos políticos.

Em suma: sendo hoje pessoas jurídicas de direito privado,[198] os partidos políticos devem ser vistos, para fins de sujeição ao mandado de segurança, como quaisquer pessoas de tal natureza, ou seja, serão sindicáveis via *mandamus* apenas seus atos delegados do Poder Público, dotados de força jurídica oficial.

Conclui-se, portanto, que, para fins de cabimento ou não do mandado de segurança, o que importa é o ato e seu regime jurídico, não o agente coator.

Como já mencionado em tópico anterior, não são atos coatores para fins de sujeição ao *mandamus* àqueles praticados pelo Estado na posição de pessoa privada, despidos de imperatividade. Da mesma forma, o são aqueles praticados por pessoa privada fazendo as vezes do Estado. Neste caso, são configurados como atos administrativos, que, como visto outrora, "provém do Estado, ou de quem esteja investido em prerrogativas estatais".

Estabelecidas as premissas e conceitos fundamentais, passemos ao trato do cerne deste trabalho, a legitimidade passiva no mandado de segurança e, após, algumas questões conexas.

---

[195] DIREITO, *op. cit.*, p. 32.
[196] *Idem*, p. 32-34.
[197] *Idem*, p. 34.
[198] Lei nº 10.406, de 10 de janeiro de 2002:
"Art. 44. São pessoas jurídicas de direito privado:
(...)
V – os partidos políticos".

Capítulo 4

Legitimidade Passiva em Mandado de Segurança e Autoridade Coatora

Sumário: **4.1** Exposição das correntes doutrinárias – **4.1.1** Pessoa jurídica – **4.1.2** Litisconsórcio – **4.1.3** Substituição processual – **4.1.4** Autoridade coatora – **4.2** Crítica às correntes doutrinárias – **4.2.1** Pessoa jurídica – **4.2.2** Litisconsórcio – **4.2.3** Substituição processual – **4.2.4** Autoridade coatora – **4.2.5** Nossa posição – **4.3** Conceito e considerações gerais sobre autoridade coatora – **4.4** Competência administrativa e autoridade coatora – **4.4.1** Limite hierárquico, avocação, delegação, revisão e encampação – **4.4.2** Limite material – **4.4.3** Limite territorial – **4.4.4** Mudança de competência – **4.4.5** Inexistência de declaração expressa de competência – **4.5** Hipóteses específicas de definição da autoridade conforme o ato coator – **4.6** Indicação errônea da autoridade coatora – **4.7** Consequências da incorreção

4.1 Exposição das correntes doutrinárias

A questão relativa a quem é a parte passiva no mandado de segurança é das mais intricadas, visto que seu procedimento é *sui generis*, estabelecido em legislação especial, pautada nos parâmetros constitucionais supraestudados, que não é clara quanto ao assunto.

Como visto no tópico atinente ao histórico do instituto, as disposições legais base para a análise desta questão evoluíram da seguinte forma:

a) A Lei nº 191/36 dispunha que "impetrado o mandado, são notificados o coator e a pessoa jurídica interessada para, dentro do prazo de 10 dias, apresentar as informações e defesa respectivamente";

b) A Lei nº 1.533/51, em sua redação original, passou a exigir apenas a notificação da autoridade impetrada para prestar informações, sem exigir participação da pessoa jurídica à qual aquela é vinculada;

c) O art. 3º da Lei nº 4.348/64 alterou a lei anterior, ao dispor que:

As autoridades administrativas, no prazo de 48 (quarenta e oito) horas da notificação da medida liminar, remeterão ao Ministério ou ao órgão a que se acham subordinadas e ao procurador-geral da República ou a quem tiver a representação judicial da União, do Estado, do Município ou entidade apontada como coatora, cópia autenticada do mandado notificatório, assim como indicações e elementos outros necessários às providências a serem tomadas para eventual suspensão da medida e defesa do ato apontado como ilegal ou abusivo de poder.

d) A Lei nº 10.910/04 modificou o art. 3º da Lei nº 4.348/64, passando a dispor:

Os representantes judiciais da União, dos Estados, do Distrito Federal, dos Municípios ou de suas respectivas autarquias e fundações serão intimados pessoalmente pelo juiz, no prazo de 48 (quarenta e oito) horas, das decisões judiciais em que suas autoridades administrativas figurem como coatoras, com a entrega de cópias dos documentos nelas mencionados, para eventual suspensão da decisão e defesa do ato apontado como ilegal ou abusivo de poder.

e) Por fim, a recente Lei nº 12.016/09 traz diversas inovações pertinentes ao tema, passando a dispor expressamente sobre a legitimidade recursal da autoridade coatora e voltando a exigir a indicação da pessoa jurídica na inicial e sua cientificação acerca da impetração, mas para intervenção facultativa, mantendo, além disso, prescrição semelhante à do art. 3º da Lei nº 4.348/64 em sua redação original:

Art. 6º A petição inicial, que deverá preencher os requisitos estabelecidos pela lei processual, será apresentada em 2 (duas) vias com os documentos que instruírem a primeira reproduzidos na segunda e indicará, além da autoridade coatora, a pessoa jurídica que esta integra, à qual se acha vinculada ou da qual exerce atribuições.

(...)

Art. 7º Ao despachar a inicial, o juiz ordenará:

I – que se notifique o coator do conteúdo da petição inicial, enviando-lhe a segunda via apresentada com as cópias dos documentos, a fim de que, no prazo de 10 (dez) dias, preste as informações;

II – que se dê ciência do feito ao órgão de representação judicial da pesso a jurídica interessada, enviando-lhe cópia da inicial sem documentos, para que, querendo, ingresse no feito;

(...)

Art. 9º As autoridades administrativas, no prazo de 48 (quarenta e oito) horas da notificação da medida liminar, remeterão ao Ministério ou órgão a que se acham subordinadas e ao Advogado-Geral da União ou a quem tiver a representação judicial da União, do Estado, do Município ou da entidade apontada como coatora cópia autenticada do mandado notificatório, assim como indicações e elementos outros necessários às providências a serem tomadas para a eventual suspensão da medida e defesa do ato apontado como ilegal ou abusivo de poder.

(...)

Art. 13. Concedido o mandado, o juiz transmitirá em ofício, por intermédio do oficial do juízo, ou pelo correio, mediante correspondência com aviso de recebimento, o inteiro teor da sentença à autoridade coatora e à pessoa jurídica interessada.

(...)

Art. 14. Da sentença, denegando ou concedendo o mandado, cabe apelação.

(...)

§2º Estende-se à autoridade coatora o direito de recorrer.

Sendo a Lei nº 12.016/09 bastante recente, ainda não há doutrina consolidada a seu respeito. Assim, nossa análise doutrinária se fará com base nas lições fundadas nas leis anteriores, sem deixar de apresentar nossas conclusões acerca dos reflexos da nova lei nas teorias até então existentes.

Disso decorrem basicamente três correntes doutrinárias: uma considerando a autoridade coatora e a pessoa jurídica a ela vinculada como litisconsortes necessários; outra considerando apenas a autoridade coatora como parte, que se divide em duas outras correntes, uma pela legitimação ordinária, outra pela substituição processual; e, por fim, uma terceira corrente, considerando apenas a pessoa jurídica como parte.

Conforme a corrente adotada, o regime jurídico de diversos institutos será diferente. Curiosamente, como veremos, muitos dos institutos cujo regime, para nós, é reflexo desta questão têm tratamento diferente entre adeptos da mesma corrente e identidade entre adeptos de entendimentos distintos. Naturalmente, entendemos haver neste fenômeno contradições irremediáveis em algumas posições doutrinárias analisadas em seu conjunto, que servem a evidenciar sua fragilidade.

Vejamos mais detidamente cada uma destas correntes.

4.1.1 Pessoa jurídica

Trazemos primeiramente a posição de Celso Agrícola Barbi,[199] por ser ela adotada pela maioria da doutrina[200] e a mais citada na discussão da questão.

Entende o ilustre doutrinador que o sujeito passivo é a pessoa jurídica a que se vincula a autoridade.

Inicia sua análise ressaltando a controvérsia sobre a questão.

Menciona a corrente que considera a autoridade como parte, citando Sebastião de Souza, Lopes da Costa, Ari Florêncio Guimarães, Hamilton Moraes e Barros, Hely Lopes Meirelles e Bulhões de Carvalho como seus defensores e observando que para o primeiro a pessoa jurídica seria litisconsorte necessário e para o segundo assistente litisconsorcial.

Indica também posição do Othon Sidou, que entenderia pelo litisconsórcio necessário.

Trata, ainda, da posição de Luis Eulálio de Bueno Vidigal, que segue Carnelutti e distingue "sujeito da lide" de "sujeito da ação": desta seria o agente coator e daquela seria o Estado e, quando este for sujeito da lide, deve ser citado como litisconsorte necessário.

Observa que, para Pontes de Miranda, o sujeito passivo seria o órgão, mas a pessoa jurídica seria o demandado.

Alinha-se, porém, a Seabra Fagundes, Themistocles Cavalcanti[201] e Castro Nunes, sustentando que a parte passiva seria a pessoa jurídica, porque o ato do funcionário seria, a rigor, ato desta, não dele próprio, já

---

[199] BARBI, *op. cit.*, p. 149-155.

[200] Posicionam-se com base em sua doutrina ou sustentando as mesmas ou semelhantes razões: Cassio Scarpinella Bueno (*op. cit.*, p. 219-232); Adhemar Ferreira Maciel (Observações sobre autoridade coatora no mandado de segurança. *In*: TEIXEIRA, Sálvio de Figueiredo (Coord.). *Mandado de segurança e injunção*. São Paulo: Saraiva, 1990. p. 177-181); Eduardo Ribeiro de Oliveira (Recursos em mandado de segurança. *In*: TEIXEIRA, Sálvio de Figueiredo (Coord.). *Mandado de segurança e injunção*. São Paulo: Saraiva, 1990. p. 288-290); Antônio César Bochenek (A autoridade coatora e o ato coator no mandado de segurança individual. *In*: BUENO, Cassio Scarpinella; ALVIM, Eduardo Arruda; WAMBIER, Teresa Arruda Alvim (Coord.). *Aspectos polêmicos do mandado de segurança*: 51 anos depois. São Paulo: Revista dos Tribunais, 2002. p. 57-63); Fredie Didier Jr. (Natureza jurídica das informações da autoridade coatora no mandado de segurança. *In*: BUENO, Cassio Scarpinella; ALVIM, Eduardo Arruda; WAMBIER, Teresa Arruda Alvim (Coord.). *Aspectos polêmicos do mandado de segurança*: 51 anos depois. São Paulo: Revista dos Tribunais, 2002. p. 369-370); João Batista Lopes (Sujeito passivo no mandado de segurança. *In*: BUENO, Cassio Scarpinella; ALVIM, Eduardo Arruda; WAMBIER, Teresa Arruda Alvim (Coord.). *Aspectos polêmicos do mandado de segurança*: 51 anos depois. São Paulo: Revista dos Tribunais, 2002. p. 414-417).

[201] CAVALCANTI, Themistocles Brandão. *Do mandado de segurança*. 4. ed. Rio de Janeiro: Freitas Bastos, 1957. p. 247.

que os efeitos se operariam em relação àquela e só ela teria capacidade de ser parte. A notificação para informar à autoridade não indicaria que esta é parte, sendo apenas mudança de técnica. O coator seria, assim, citado como mero representante, não como parte.

Ao colocar sua posição, não deixa de tecer diversas críticas severas às posições em contrário.

Observa, primeiramente, que o ordenamento processual seria taxativo quanto às hipóteses de partes despersonalizadas, no art. 12 do Código de Processo Civil, rol em que não se encontra a autoridade.

Com efeito, a autoridade não seria pessoa jurídica, mas agente desta, seus atos seriam do ente personalizado e produziriam consequências jurídicas a ele. Assim, atuaria no processo não por si, mas por tal ente.

Ressalta, ademais, que as custas são pagas pelo vencido, mas não se concebe seu pagamento pela autoridade, o que seria uma evidência da impropriedade da tese impugnada.

Outro argumento do festejado autor parte do exame das origens e motivos do mandado de segurança. Destaca, neste ponto, que no *judicio de amparo*, no *habeas corpus* e em *writs* americanos, que influenciaram a configuração de nosso *mandamus*, as medidas são efetivamente contra as autoridades, não contra o Estado, mas isso porque é da tradição jurídica dos países de origem de tais institutos responsabilizar os agentes diretamente, em todas as ações contra o Poder Público, pois o Estado seria quase intangível. Já nos países latinos, os funcionários não são atingidos, por seus atos responde o Estado. Assim, a incorporação dos institutos ao nosso Direito deveria atentar para esta peculiaridade, sendo a sujeição passiva da autoridade com ele incompatível.

Prossegue, por fim, impugnando as posições específicas de Luis Eulálio Bueno Vidigal — que também seria equivocada, pois a distinção entre sujeitos da ação e sujeitos da lide não resolveria as questões colocadas —, e de Pontes de Miranda — afirmando que considerar o agente como parte e a pessoa jurídica como demandada seria um meio de ladear o problema, e não de resolvê-lo, pois não se define quem é efetivamente a parte passiva.

Outro defensor da posição da pessoa jurídica como parte, e dos maiores críticos das posições em contrário, cuja lição também analisamos com mais vagar, é Sergio Ferraz.[202] [203]

---

[202] FERRAZ, *op. cit.*, p. 85-98.

[203] Segue sua lição Lúcia Valle Figueiredo, reconsiderando posição anterior na qual sustentava que a pessoa jurídica era litisconsorte necessário (FIGUEIREDO, *op. cit.*, p. 54-55).

Aponta a controvérsia indicando as correntes doutrinárias, colocando como defensores da tese da autoridade como parte: Lopes da Costa, Ari Florêncio Guimarães, Hamilton de Moraes e Barros, Hely Lopes Meirelles e Leonardo Castanho Mendes.

Entre os defensores do litisconsórcio, arrola Sebastião de Souza, Jorge Americano e Aguiar Dias. Ressalta que alguns da primeira corrente, como Hely Lopes Meirelles, entendem que a pessoa jurídica pode ser litisconsorte facultativo ou assistente.

Menciona, ainda, o que chama de correntes mistas, as explicações que considera "ao menos nebulosas". Nestas relaciona: Luis Eulálio de Bueno Vidigal; Coqueijo Costa, como defensor da substituição processual; Pontes de Miranda, a quem imputa "inabitual e surpreendente imprecisão" no assunto; Themistocles Cavalcanti, para quem, embora seja parte a pessoa jurídica, também é assistente do coator em modalidade assistencial *sui generis*.

Indica, por fim, Seabra Fagundes, Celso Agrícola Barbi e Celso Bastos como defensores da tese da pessoa jurídica como parte, os quais entendem atuar a autoridade como representante.

Citadas as correntes, afirma sua adesão aos que sustentam ser parte a pessoa jurídica, valendo-se dos principais argumentos de Barbi e, ademais, colocando que a Constituição Federal resolve a questão, por prescrever que a representação judicial das pessoas jurídicas de capacidade política se dá por suas procuradorias.

Inicia sua crítica às correntes divergentes pela análise das informações da autoridade coatora. Para ele, não seriam defesa, mas mero relato de fatos, com conteúdo irrelevante processualmente. Por isso, a notificação para prestação de tais informações não teria feições de citação e a autoridade não seria parte.

Critica os teóricos do litisconsórcio entre a autoridade a pessoa jurídica, objetando que se a autoridade não é parte não poderia ser litisconsorte.

Impugna, ainda, a tese de que a autoridade "presentaria" ou representaria a pessoa jurídica, pois, "se o fizesse, estaria nos autos como parte e poderia, assim, até mesmo omitir-se ou confessar — o que lhe é vedado".[204]

Prossegue argumentando que a autoridade não atua como órgão, mas como agente administrativo, razão pela qual estaria jungido ao dever da verdade, o que não se verificaria nas partes processuais.

---

[204] FERRAZ, *op. cit.*, p. 88.

Observa que, a despeito da prática forense, o réu verdadeiro teria que ser citado. A Lei nº 1.533/51, ao suprimir a citação da pessoa jurídica, teria regredido ou sido omissa por esquecimento.

Acerca do argumento de que a apresentação de defesa pela pessoa jurídica, além da prestação das informações, dilataria o procedimento, afirma que o prazo de dez dias das informações é o único processual da lei e, portanto, deveria ser usado para a defesa da pessoa jurídica, não havendo, assim, que se falar em dilação.

Por derradeiro, embora seja adepto da corrente de Barbi, critica os argumentos no sentido de que a autoridade seria representante ou "presentante", questionando "quem, ou que texto normativo, autoriza tão original 'representação'?"[205]

Outra análise digna de nota entre os defensores da sujeição passiva da pessoa jurídica é a de Arlete Aurelli.[206]

A Professora coloca a controvérsia mencionando a existência de diversas correntes. Cita Hely Lopes Meirelles, José da Silva Pacheco e Vicente Greco Filho como defensores da tese da autoridade como parte; Pontes de Miranda, Sálvio de Figueiredo Teixeira, Castro Nunes, José Carlos Barbosa Moreira, Arruda Alvim, Celso Agrícola Barbi, Carlos Mário da Silva Velloso, Cândido Rangel Dinamarco e Eduardo Alvim, como defensores da pessoa jurídica como parte, ressaltando que para Moacyr Amaral Santos a autoridade seria substituta processual e para Dinamarco e Arruda Alvim seria representante do Poder Público, numa representação *sui generis*, que não se confunde com aquela para suprimento da capacidade processual; Buzaid, como defensor do litisconsórcio; Ignácio Botelho de Mesquita, para quem não há parte no mandado, sendo ação de caráter meramente administrativo, não jurisdicional.

Após, posiciona-se pela sujeição passiva da pessoa jurídica, adotando, inicialmente, os argumentos de Barbi.

Acrescenta, em crítica às posições divergentes, que no caso da autoridade coatora vir a falecer, ser transferida ou removida, não haveria qualquer modificação ou sucessão processual e nem mesmo suspensão da ação de mandado de segurança, o que evidencia não ser ela parte.

Afirma que a autoridade é órgão, pedaço da pessoa jurídica, e que atua como "presentante", no conceito de Pontes de Miranda, segundo o qual:

---

[205] FIGUEIREDO, *op. cit.*, p. 97.
[206] AURELLI, *op. cit.*, p. 133-144.

Comparência da parte por um órgão, não se trata de representação, mas de presentação. O órgão presenta a pessoa jurídica: os atos processuais do órgão são atos dela, e não do representante... De modo que há a presentação (de direito material) e a representação processual, necessariamente sem atuação em causa própria: o órgão presenta, materialmente; e, processualmente também presenta. As pessoas jurídicas, portanto, as fundações, precisam ter órgãos, tanto quanto as pessoas físicas precisam ter boca, ou, se não podem falar, mãos, ou outro órgão, pelo qual exprimam o pensamento ou o sentimento. O órgão da pessoa física — a boca, por exemplo, fá-la presente a uma reunião, na praça pública, no teatro, no tabelionato, ou no juízo.[207]

Critica a posição de Moacyr Amaral Santos, pela substituição processual, pois a autoridade não atuaria em nome próprio no interesse alheio, mas sim em nome próprio, da pessoa jurídica, como órgão dela que é, em interesse próprio.

Conclui afirmando que a autoridade não poderia recorrer, conforme o art. 12 da Lei nº 1.533/51, não podendo, portanto, ser parte.

Também na linha de que a autoridade coatora seria "presentante" e a pessoa jurídica parte é a lição de Eduardo Pellegrini Arruda Alvim.

O autor assim configura a "presentação" em mandado de segurança:

Chegamos, pois, à conclusão de que a distinção entre representar e presentar, que entre nós se deve a Pontes de Miranda (e tratada por muitos como neologismo estéril), não se prende a meras filigranas filológicas. Absolutamente. Designam-se, por intermédio desses dois verbos, realidades jurídicas distintas.

O instituto da representação de que trata o art. 8º do CPC está ligado à necessidade de integração de capacidade do absolutamente incapaz.

Ao revés, no caso da presentação da pessoa jurídica de Direito Público, esta se faz através da autoridade coatora (no momento processual da prestação das informações). A autoridade coatora, ao prestar informações, o faz enquanto órgão (fragmento, no dizer de Gierke, acima citado por Adhemar Maciel), daí porque, como visto, não há falar-se em substituição processual.[208]

---

[207] PONTES DE MIRANDA, Francisco Cavalcanti. *Comentários ao Código de Processo Civil*. Rio de Janeiro: Forense, 1974. t. I, p. 240.

[208] ALVIM, Eduardo Arruda. *Mandado de segurança no direito tributário*. São Paulo: Revista dos Tribunais, 1997. p. 59-72.

Já Cassio Scarpinella Bueno segue os argumentos de Barbi, acrescentando bem fundamentada construção acerca do art. 3º da Lei nº 4.348/64, em sua redação original e na dada pela Lei nº 10.910/04.[209] Acerca do art. 3º, em sua redação original, entende que evidencia que a pessoa jurídica é parte e a autoridade a "presenta".

Sobre a nova redação, entendia que derrogava o art. 7º da Lei nº 1.533, excluindo a notificação à autoridade e as informações:

> Arrisco até mesmo, ir um pouco além com a redação que, com a Lei nº 10.910/2004, assumiu o art. 3º da Lei nº 4.348/64. Penso que ela é suficiente para que, vez por todas, o entendimento de que a autoridade coatora possa ser "ré" do mandado de segurança seja afastado.
>
> Isso porque a atual redação do dispositivo dá ensejo ao entendimento de que não só o art. 3º da Lei nº 4.348/64 foi modificado — no que, aliás, não pode haver qualquer dúvida — mas também que o art. 7º, I, da Lei nº 1.533/51, foi derrogado. Derrogado, justamente, na parte em que se impõe a notificação da autoridade coatora para prestar suas informações no prazo de 10 dias, pois a nova lei, ao exigir que os representantes judiciais sejam "intimados de ofício" para defender o ato impugnado no mandado de segurança, não pode supor que, independentemente disso, também a autoridade coatora seja "citada" por si só como se tivesse, em termos de organização administrativa, relevância maior saber quem é o agente administrativo especificamente questionado.[210]

Não obstante, reconsiderou tal posição, retornando ao entendimento anterior, que admitia a defesa e as informações, porque:

> Sustentar que a lei tenha caminhado neste sentido, modificando substancialmente o sistema da representação processual do mandado de segurança, emprestando para ele o mesmo regime do art. 12, I, II e VI, do Código de Processo Civil, seria agredir seu modelo constitucional.[211]

Destacamos, ainda, os defensores da sujeição da pessoa jurídica com algumas peculiaridades.

Luana Pedrosa de Figueiredo Cruz,[212] segundo quem, embora o sujeito passivo seja, em regra, a pessoa jurídica, para atos jurisdicionais

---

[209] BUENO, *op. cit.*, p. 219-231.

[210] *Idem*, p. 225.

[211] BUENO, *op. cit.*, p. 226-227.

[212] CRUZ, Luana Pedrosa de Figueiredo. Legitimidade passiva em mandado de segurança contra ato jurisdicional. *In*: BUENO, Cassio Scarpinella; ALVIM, Eduardo Arruda; WAMBIER, Teresa Arruda Alvim (Coord.). *Aspectos polêmicos do mandado de segurança*: 51 anos depois. São Paulo: Revista dos Tribunais, 2002. p. 498-504.

seria a autoridade, "pois, ao praticar o ato, o juiz, e somente ele, é o responsável, e deverá arcar com as conseqüências processuais que possam surgir".[213]

Celso Bastos configura a autoridade como assistente:

> Uma vez que, como visto, da concessão da segurança lhe poderão, de futuro, advir conseqüências desfavoráveis, configurando-se, destarte, seu interesse processual em permanecer no feito. Em sendo assim, é legítima a sua eventual pretensão de manter-se no processo objetivando a sustentação do ato que praticou ou que omitiu.[214]

Em sentido semelhante, Lúcia Valle Figueiredo, embora não mais sustente o litisconsórcio, afastando a autoridade da posição de parte, ainda entende que esta tem legitimidade recursal:

> Se estivermos atentos ao texto constitucional, ao art. 37, §6º, ou, mesmo, ao art. 107 da Constituição anterior, verificaremos que, quando o Estado dá causa a qualquer dano, tem de recompô-lo, ou pode ter de recompô-lo, se for acionado. De outro lado, deverá, será obrigado, não é faculdade, é competência, e toda competência implica o exercício de função, de dever, acionar regressivamente o funcionário, caso haja culpa ou dolo deste (embora saibamos que, na prática, tal dever é executado muito parcimoniosamente, ou simplesmente descumprido).
>
> Só por isso já se verifica que a autoridade coatora teria, consoante penso, legitimidade recursal, interessando-lhe a manutenção do ato por força de eventual responsabilidade futura. Evidentemente que, para recorrer, terá de fazê-lo por advogado.[215]

Estabelecida tal corrente e seus argumentos, passemos à seguinte.

4.1.2 Litisconsórcio

Outra corrente entende pelo litisconsórcio, vale dizer, tanto a autoridade quanto a pessoa jurídica seriam partes.

Nesta corrente destacamos a lição de Alfredo Buzaid.[216]

Para ele a configuração do litisconsórcio é a mais adequada, não havendo que se recorrer à tese de Carnelutti (sujeito da lide e sujeito do processo) ou à de substituição processual.

---

[213] *Idem*, p. 498.
[214] BASTOS, 1982, p. 36-38.
[215] FIGUEIREDO, *op. cit.*, p. 56.
[216] BUZAID, *op. cit.*, p. 183-184.

Evidencia que a própria lei trata a autoridade e a pessoa jurídica separadamente no art. 2º, ao dizer que "considerar-se-á federal a autoridade coatora se as consequências de ordem patrimonial do ato contra o qual se requer o mandado houverem de ser suportadas pela União Federal ou pelas autoridades autárquicas federais".

4.1.3 Substituição processual

Para os adeptos desta corrente, a autoridade é parte do mandado de segurança, mas, como atua pela pessoa jurídica e desta será o ônus da ação, não defende direito próprio, mas sim alheio. É, portanto, substituta processual.

Nesta corrente reunimos aqueles que entendem pela substituição processual propriamente e aqueles que seguem a teoria distintiva entre sujeito da lide e sujeito da ação, porque as consequências desta peculiar construção de Carnelutti são semelhantes a uma substituição processual. A diferença é que, para tal teoria, os efeitos da sentença só atingem o substituído se este for citado.

Nesta corrente destacamos Moacyr Amaral Santos:

> No papel que a autoridade coatora desempenha na relação processual, em que é sujeito sem dúvida, mas não funciona em defesa de direito próprio, mas sim, agindo embora em nome próprio, defendendo direito alheio, ou seja, da pessoa de direito público da qual é órgão ou à qual se acha subordinada. Por outras palavras, a autoridade coatora, como sujeito passivo da relação processual, funciona como substituto processual da pessoa jurídica de direito público, por isso que a lei a tanto lhe confere atribuição.[217]

Rogério Lauria Tucci[218] entende ser a autoridade parte processual, não material, tal qual o Ministério Público na ação penal.

Na linha da distinção entre sujeitos da lide e sujeitos da ação, destacamos Luis Eulálio Bueno Vidigal,[219] para quem a pessoa jurídica é sujeito passivo da lide, da relação jurídica material, mas a autoridade é sujeito passivo da ação, da relação jurídica processual. Contudo, para

---

[217] SANTOS, Moacyr Amaral. *Natureza jurídica do mandado de segurança*. *Arquivos do Ministério da Justiça*, Brasília, v. 29, n. 144, p. 29-41, jun. 1970.

[218] TUCCI, Rogério Lauria. *Do mandado de segurança contra ato jurisdicional penal*. São Paulo: Saraiva, 1978. p. 48.

[219] VIDIGAL, Luis Eulálio de Bueno. *Do mandado de segurança*. São Paulo: [s.n.], 1953. p. 98-103.

que os efeitos da sentença alcancem a pessoa jurídica, esta deve ser citada para compor o litisconsórcio.

José Cretella Júnior[220] afirma claramente que se trata de substituição processual, embora lhe confira a mesma configuração dada por Bueno Vidigal, que, como vimos,[221] não é típica de substituição processual, já que esta dispensa litisconsórcio para eficácia da sentença:

> A autoridade coatora, litisconsorte necessário do Estado, é seu substituto processual, defendendo, em juízo, direito do Estado em nome próprio, e desenvolvendo para isso todas as atividades necessárias para a defesa do Estado. A autoridade coatora não é representante do Estado. Se o fosse, defenderia, em juízo, direito do Estado, em nome do Estado, isto é, direito do representado em nome do representante. Como não o é, comparece em juízo para exercitar direito alheio em nome próprio. No mandado de segurança, a decisão afeta a pessoa jurídica pública.
>
> Litigando em nome próprio, mas defendendo direito alheio, o substituto — autoridade coatora — litisconsórcio necessário do substituído — o Estado — defende interesse deste. A autoridade coatora, portanto, "não é parte na lide", mas "no processo", já que substituição não se confunde com representação. O advogado, por exemplo, representante da parte, não é "parte na ação". Parte é o representado. Não sendo sujeito passivo da lide, mas "da ação", a autoridade coatora não é titular do direito em conflito.

Passemos, por fim, à análise da corrente que coloca a autoridade coatora como parte, sem que seja substituta processual.

4.1.4 Autoridade coatora

Dentre aqueles que sustentam ser a autoridade parte por si, dado que é ela notificada para prestar as informações, sendo responsável pelo ato e pelo cumprimento da sentença mandamental, destacamos a lição de Hely Lopes Meirelles,[222] [223] para quem a autoridade é parte, com legitimidade até mesmo para interpor recurso, podendo a pessoa jurídica ser litisconsorte facultativo ou assistente:

---

[220] CRETELLA JÚNIOR, José. *Comentários à lei do mandado de segurança.* 12. ed. Rio de Janeiro: Forense, 2002. p. 208-293.

[221] *Vide* tópico 2.1.3.3 "b".

[222] MEIRELLES, 2003, p. 57-59, 106.

[223] No mesmo sentido, em conformidade com posição e argumentos de Hely Lopes Meirelles, posiciona-se Menezes Direito (*op. cit.*, p. 100-101).

O impetrado é a autoridade coatora, e não a pessoa jurídica ou o órgão a que pertence e ao qual seu ato é imputado em razão do ofício. Nada impede, entretanto, que a entidade interessada ingresse no mandado a qualquer tempo, como simples assistente do coator, recebendo a causa no estado em que se encontra ou, dentro do prazo para as informações, entre como litisconsorte do impetrado, nos termos do art. 19 da Lei nº 1.533/51.

(...)

A autoridade coatora será sempre parte na causa e, como tal, deverá prestar e subscrever pessoalmente as informações no prazo de dez dias, atender às requisições do juízo e cumprir o determinado com caráter mandamental na liminar ou na sentença. Quanto aos efeitos patrimoniais da decisão final, serão suportados pela Fazenda Pública atingida pelo ato do coator, esteja ou não representada no processo. Por outras palavras, a execução específica ou "in natura" do mandado cabe à autoridade coatora e os efeitos patrimoniais da condenação tocam à entidade a que pertence o coator. Em face desta situação processual estabelecida pela lei, ficou dispensada a citação da Fazenda, bastando a notificação da autoridade coatora, para a instauração da lide. A dispensa da citação, conquanto constitua uma anomalia procedimental, encontra justificativa na necessidade de simplificação e celeridade do processo do mandado de segurança.

Quanto ao recurso, em coerência com a argumentação acima, leciona que:

A interposição dos recursos pode ser feita pelos impetrantes, impetrados, Ministério Público, litisconsortes (não confundir com simples assistentes), terceiros prejudicados, bem como pela entidade a que pertence o coator, sempre que concedida a segurança ou a liminar, porque sobre ela recairão os encargos da condenação ou da suspensão do ato.[224]

E em nota esclarece:

O impetrado, que integrou a lide desde as informações, não pode ser alijado na fase de recurso. Poderá haver apelação conjunta ou separada, sem exclusão do impetrado, como têm admitido os outros Tribunais e o próprio STF em casos anteriores.[225]

---

[224] MEIRELLES, 2003, p. 106.
[225] MEIRELLES, 2003, p. 106.

Na mesma corrente posiciona-se Vicente Greco Filho.[226] Segundo o renomado professor, pela configuração legal, a parte passiva do mandado de segurança só pode ser a autoridade, "porquanto seu objetivo é a reparação da ilegalidade ou abuso de poder praticados pelo agente do Poder Público que violou direito líquido e certo". Reconhece a inexistência de personalidade jurídica, o que não afetaria a legitimidade para o mandado de segurança.

Também é nesse sentido a posição de Othon Sidou, que justifica a participação da autoridade da seguinte forma:

> Do mesmo modo como a parte passiva no "habeas corpus" e na ação popular é o agente da coação e o autor do atentado ao patrimônio público. O mandado é concedido contra o executante do ato ilegal, para que ele próprio cumpra o objeto de segurança e o corrija desfazendo-o ou executando-o, o que reforça a convicção de que parte passiva não é o órgão da administração.[227]

Além disso, impugna o argumento contrário relativo à assunção dos ônus processuais, sustentando que o Estado tem o direito de ação regressiva, razão pela qual não seria ele, a rigor, o responsável por tais ônus.

Análise digna de grande atenção é a de Leonardo Castanho Mendes,[228] dada a minúcia no enfrentamento do tema, não encontrável nos clássicos defensores desta corrente.

O autor sustenta a legitimidade da autoridade por si, extraindo a afirmação, além de construção pautada em análise de institutos processuais semelhante à trazida por nós neste trabalho, da própria Constituição:

> É sabido, aliás, como se pode concluir pela simples leitura do art. 5º, LXIX, da CF/88, que o mandado de segurança será concedido para a especial finalidade de proteger direito líquido e certo, não amparado por habeas corpus ou habeas data, quando o responsável pela ilegalidade ou abuso de poder for autoridade pública ou agente de pessoa jurídica

---

[226] GRECO FILHO, Vicente. *Direito processual civil brasileiro*. 16. ed. São Paulo: Saraiva, 2003. v. 3, p. 306.207.

[227] SIDOU, Othon. *Habeas corpus, mandado de segurança, mandado de injunção, habeas data, ação popular*: as garantias ativas dos direitos coletivos. 6. ed. Rio de Janeiro: Forense, 2002. p. 159-160.

[228] MENDES, Leonardo Castanho. A legitimidade passiva da autoridade coatora no mandado de segurança. *In*: BUENO, Cassio Scarpinella; ALVIM, Eduardo Arruda; WAMBIER, Teresa Arruda Alvim (Coord.). *Aspectos polêmicos do mandado de segurança*: 51 anos depois. São Paulo: Revista dos Tribunais, 2002. p. 460-482.

no exercício de atribuições do Poder Público. A ênfase dada pelo legislador constituinte, no modelo por ele mesmo construído para a defesa de direitos líquidos e certos ameaçados por ato de autoridade, é exatamente a responsabilidade de um agente de pessoa jurídica, pela prática de atos que extrapolem o limite de sua atuação permitida, com isso ferindo direitos dos administrados. Tudo seria diferente se se estivesse a falar, numa operação inversa, de responsabilidade da pessoa jurídica por atos de seus prepostos, como está evidente no texto do art. 37, §6º, da CF. A Carta da República, em seu art. 5º, LXIX, fala explicitamente em responsabilidade da autoridade ou agente de pessoa jurídica no exercício de atribuições do Poder Público, a deixar evidente que se está, com o procedimento da ação mandamental, a cobrar seja o preposto do Estado responsabilizado por sua atuação, quando esta atuação (necessariamente de uma pessoa física) poder ser qualificada de ilegal ou abusiva.[229]

Decorreria também da mandamentalidade da ação:

Poderia ser dito, assim, tanto em uma como em outra ação mandamental, que sua característica essencial, implícita no próprio conceito de mandamentalidade, é exatamente o de ser um procedimento em que se visa a retificar atuações ilegais de determinadas pessoas (autoridades necessariamente no mandado de segurança, ou qualquer particular no habeas corpus) que ofendam direitos protegidos pela ordem jurídica. Por isso mesmo, haverão de estar dirigidas exatamente contra as pessoas cujo atuar tenha se revelado ilegal, com a conseqüência prática de que o provimento contra ela proferido, atestando a irregularidade de seu procedimento, consistirá numa ordem a ela diretamente endereçada, ordem que haverá de ser cumprida sob pena de configuração de ilícito, inclusive criminal. Desse traço essencial, que ouso denominar de pessoalidade estrita, é que decorre uma das mais poderosas conseqüências que o estudo do processo de mandado de segurança pode acarretar: o pólo passivo da relação processual formada nesse tipo de procedimento há de ser ocupado por uma pessoa, necessariamente a pessoa física, que é quem pode receber uma ordem e cumpri-la, sujeitando-se, como conseqüência, a meios de coerção física, como a prisão.[230]

Quanto ao argumento contrário de que quem suportaria os efeitos do processo seria a pessoa jurídica, não a autoridade, responde que o mandado de segurança teria reflexos sobre a pessoa jurídica, mas como terceira interessada, numa relação jurídica secundária, derivada daquela objeto da ação:

---

[229] MENDES, *op. cit.*, p. 477-478.
[230] MENDES, *op. cit.*, p. 472.

Claro está que a atuação do funcionário do Estado, na categoria de autoridade, pode acabar criando uma outra relação jurídica entre o Estado, como pessoal moral, e o particular. Essa relação, na perspectiva em que nos encontramos, é meramente secundária, embora possa ter elevado valor jurídico, inclusive patrimonial. E é secundária no sentido em que anteriormente nos referidos à relação subordinada em que se coloque terceiro acaso titular de interesse jurídico de intervenção processual. Essa relação a que pertença o Estado, muitas vezes, tem o seu conteúdo condicionado pela resposta que se vier a dar em juízo à outra relação jurídica, esta mantida pela autoridade e o particular, e nisso poderá ser explicado, referindo-se especificamente ao mandado de segurança, o efeito reflexo da sentença sobre terceiros que mencionamos linhas atrás.[231]

E, em coerência, afirma a legitimidade também aos recursos, como faz Hely Lopes Meirelles, mas vai além, explicando porque pode a pessoa jurídica recorrer mesmo sem ser parte, como se verifica na praxe forense:

De fato, constatando-se que alguém é parte no processo, daí pode-se concluir ser ela legitimada a recorrer, o que decorre diretamente da norma do art. 499 do CPC. Isso porque da simples condição de parte, desde que vencida no feito, decorrer a legitimidade recursal. Mas o raciocínio inverso não me parece autorizado. É dizer, por que alguém pode recorrer não significa, só por isso, ser este alguém parte no processo em cujo bojo foi proferida a decisão recorrida. Esta assertiva é tanto mais verdadeira quanto se constata, pelo texto do próprio art. 499 do CPC, que, além da parte, também o Ministério Público e o terceiro prejudicado estão legitimados a recorrer.

Postas assim as coisas, e considerada ainda a específica qualidade do interesse que ostenta a pessoa jurídica, no processo de mandado de segurança, o mais provável é que recorra esta na qualidade de terceiro prejudicado, hipótese em que, aliás, mais se confirma a sua condição de assistente processual, cujo interesse, como se sabe, é de idêntica natureza à daquele que qualifica o terceiro prejudicado.[232]

Conclui, por fim, pela inexistência de substituição processual, já que a autoridade defenderia interesse próprio, não alheio. Não haveria, assim, defesa da pessoa jurídica.[233]

Postas as correntes principais, passemos à sua análise crítica.

---

[231] *Idem*, p. 474.

[232] MENDES, *op. cit.*, p. 479.

[233] *Idem*, p. 481.

4.2 Crítica às correntes doutrinárias

4.2.1 Pessoa jurídica

Somos inteiramente contrários à corrente que sustenta não ser a autoridade parte, quer por si, materialmente, quer como substituta processual, quer como mero sujeito da ação sem ser sujeito da lide, visto que todos os seus argumentos são vencíveis.

Não desconhecemos que a autoridade em sua atuação funcional age como manifestação de um órgão, destituído este de personalidade jurídica.

Não confundimos agente, órgão e pessoa jurídica, no que seguimos a lição de Celso Antônio Bandeira de Mello.

Por agente público temos:

> Todos aqueles que prestam serviços ao Poder Público (União, Estados, Municípios e respectivas autarquias) ou realizam atividades da alçada deste podem ser designados agentes públicos. Com efeito, esta locução é a mais ampla e compreensiva que se pode encontrar para referir englobadamente as diversas categorias dos que, sob títulos jurídicos diferentes, exercitam uma função havida pelo Estado como pertinente a si próprio.
>
> Em conseqüência, a noção abrange tanto o Presidente da República, os Governadores, Prefeitos, Ministros, Secretários de Estado e de Município, Senadores, Deputados, Vereadores, como os funcionários públicos, os contratados pelo Poder Público para servirem-no sob regime trabalhista, os servidores de autarquia, os concessionários e permissionários de serviço público ou delegados de função pública, assim como os requisitados e gestores de negócios públicos. Em suma: quem quer que desempenhe funções de natureza pública é, enquanto as exercita, um agente público.[234]

Dentre um dos aspectos de relevo da noção acima, Celso Antônio Bandeira de Mello destaca, precisamente, a determinação do sujeito passivo do mandado de segurança:

> É a ela que se deve recorrer (e não ao conceito de funcionário) para determinar o alcance da expressão "autoridade", como sujeito passivo do mandado de segurança. Com efeito, todo aquele que manifesta uma função pública, apresentando-se como titular de uma força jurídica de que só pode dispor em razão de deferimento estatal, há de submeter-se,

---

[234] BANDEIRA DE MELLO, 1984, p. 5.

por isso mesmo, aos eficazes e solertes processos de contraste a que se conforma o Estado.[235]

Em órgão temos:

Unidades abstratas que sintetizam os vários círculos de atribuições do Estado. Estes devem ser expressados pelos agentes investidos dos correspondentes poderes funcionais, a fim de exprimir na qualidade de titulares deles, a vontade estatal.
(...)
Importa assinalar que os órgãos não são pessoas e não se distinguem do Estado. Nada mais significam que os círculos de atribuições, os feixes individuais de poderes funcionais repartidos no interior da personalidade estatal e expressados através dos agentes neles providos. Os órgãos são meras constelações de funções unitariamente consideradas, cuja reunião coincide com a totalidade das atribuições do Estado, viabilizadas, em seus diversos segmentos, pela atuação dos servidores públicos prepostos ao desempenho delas.[236]

Acerca da pessoa jurídica Estado, diz o Professor:

Como pessoa jurídica que é, o Estado, entidade real, porém abstrata (ser de razão), não tem vontade nem ação, no sentido de manifestação psicológica e vida anímica próprias. Estas, só os seres biológicos a possuem. Tal fato não significa, entretanto, que lhe falte vontade e ação, juridicamente falando, ou seja, sob o prisma do Direito. Dado que o Estado não possui, nem pode possuir, um querer e um agir psíquico e físico, por si próprio, como entidade lógica que é, sua vontade e sua ação se constituem na e pela vontade e atuação dos seres físicos prepostos à condição de seus agentes, na medida em que se apresentam revestidos desta qualidade.[237]

Por fim, relacionando os três conceitos, sem que percam sua distinção, temos:

Sem dúvida alguma, o fenômeno da manifestação da vontade e da atuação do Estado através de um conjunto de indivíduos, investidos dos necessários poderes para exprimir-lhe as funções, supõe as próprias atribuições, os círculos abstratos de poderes, dos quais estes são veículos.

---

[235] Idem, p. 5.
[236] BANDEIRA DE MELLO, 1984, p. 69-70.
[237] Idem, p. 61.

Logo, as duas idéias se solicitam. A noção de agente requer a de círculo de poder, assim como a noção de círculo de poder reclama a de agente. Daí não se segue, contudo, que ambas se conjuguem na formação de uma unidade logicamente incindível.

Ocorre, além disso, que o modo como se solicitam reciprocamente, não é o mesmo. Assim, pode-se pensar em distribuição abstrata de feixes de atribuições, isto é, pode-se pensar, admitir racionalmente, esquemas estruturais de divisões de funções, de círculos de poderes, mesmo sem se pensar naqueles que atuarão tais poderes. Em suma: não é ingrediente do conceito abstrato; racional, de unidades de atribuições o elemento humano que as expressará.

O fato de haver uma unidade funcional não provida, isto é, não preenchida por agentes, certamente torna-se inerte, mas não elimina a possibilidade de concebê-la, nem a destrói logicamente, tanto mais porque esta unidade funcional abstrata e não preenchida é o próprio pressuposto do preenchimento que deve ocorrer. Cumpre que haja círculos de poderes e que estejam vagos, para que neles se possam investir os agentes. Portanto, quais círculos de poder (ofícios, ou órgãos segundo a terminologia da doutrina objetiva) não requerem a idéia de agente como elemento de sustentação lógica de sua existência. Solicitam-na, contudo — isto sim — como requisito de atuação dos círculos de poder.

Já a idéia de agente, enfatizada pela teoria subjetiva do órgão, reclama racionalmente a noção de círculo de poder. Só se pode querer e agir pelo Estado — isto é, só se pode ser agente público — se houver um círculo de poder do qual se seja o protagonista, o ator. A noção de agente, que não é a noção de pessoa física, só existe em existindo o feixe de atribuições do qual se é agente.[238]

Entendemos, porém, que o sistema admite, excepcionalmente, que entes despersonalizados tenham capacidade de ser parte em processo e, nesta posição, considerados titulares de uma gama restrita de direitos e obrigações na órbita material, conforme já exposto em tópico próprio.[239]

Basta, assim, que haja lei ou norma constitucional nesse sentido e que seja materialmente pertinente.

Não convence o argumento de Celso Agrícola Barbi, segundo o qual o rol de entes despersonalizados capazes de ser parte seria taxativo, consoante art. 12 do Código de Processo. O dispositivo normativo mencionado não é cláusula pétrea constitucional, como faz parecer

---

[238] BANDEIRA DE MELLO, 1984, p. 67-68.
[239] *Vide* tópico 2.1.3.3 "a".

Tiago Bologna Dias
Sujeição Passiva no Mandado de Segurança e a Autoridade Coatora

a abordagem do doutrinador, mas mera norma legal, plenamente derrogável pela Constituição e até por mera lei ordinária. É precisamente o que ocorre aqui. A própria Constituição Federal confere especial importância à autoridade no mandado de segurança, em seu art. 5º, LXIX, quando concede mandado "quando o responsável pela ilegalidade ou abuso de poder for autoridade pública ou agente de pessoa jurídica no exercício de atribuições do Poder Público" e quando fixa a competência jurisdicional para julgar mandado de segurança tendo por critério a autoridade, arts. 102, I, "d", 105, I, "b", 108, "c", 109, VIII, 114, IV.

Nesse sentido é a lição de Leonardo Castanho Mendes, acerca do art. 5º, LXIX, supratranscrita. O mesmo autor ressalta, ainda, como visto, a ligação entre a sujeição da autoridade e a efetividade *in natura* das decisões mandamentais, o que também é intrínseco à natureza constitucional do mandado de segurança, que deve ser, por definição, sempre célere e efetivo.

Acerca do mesmo dispositivo constitucional e sua ligação à autoridade coatora, Arlete Aurelli[240] também traz importante observação, embora, contraditoriamente, entenda que parte é a pessoa jurídica:

> Em primeiro lugar, para podermos definir quem é parte no mandado de segurança, é preciso saber o que se entende por autoridade coatora. Na verdade, diante da definição constante do art. 5º, inc. LXIX, da Constituição Federal, não se pode separar o mandado de segurança da autoridade coatora.

Sobre a importância dada pela Constituição à autoridade para fins de competência, bem leciona Celso Agrícola Barbi, que, infelizmente, não atenta para este ponto ao tratar das partes:

> A exata determinação de quem seja a autoridade coatora nos casos concretos é da maior importância, porque disso depende a fixação do órgão competente para o julgamento, uma vez que, segundo o nosso direito positivo, a competência para conhecer dos mandados de segurança não deriva da natureza da questão ajuizada, e sim da hierarquia da autoridade que praticou o ato impugnado por aquela via processual.
>
> (...)

---

[240] AURELLI, *op. cit.*, p. 137.

Todas essas regras, especialmente as constantes das Constituições, constituem hipóteses de competência funcional, segundo a abalizada opinião de Liebman, competência absoluta, portanto, que deve ser examinada "ex officio" e cuja violação torna anulável a sentença, que pode ser destruída mesmo após transitada em julgado, através da ação rescisória, nos termos do art. 485, item II, do Código de Processo Civil. Isto mostra a importância da exata determinação da autoridade coatora, para evitar esse gravíssimo defeito de incompetência.[241]

Ora, se decorre da natureza do mandado de segurança, de sua feição constitucional, que o responsável pelo ato objeto da lide seja a autoridade coatora (não a pessoa jurídica); se a ordem decorrente da sentença é a ela dirigida, como imperativo de maior celeridade e efetividade à garantia constitucional; se, como diz Aurelli, "não se pode separar o mandado de segurança da autoridade coatora"; se, como ensina Barbi "a exata determinação de que seja a autoridade coatora nos casos concretos é da maior importância", já que a Constituição delimita a competência, absoluta, para o julgamento do mandado de segurança tendo por base a autoridade, como é possível relegá-la a segundo plano, atribuir-lhe menor importância que a advinda da Constituição, para tratá-la como mero representante, mero "presentante", ou mero informante de fatos sobre o ato coator? Como se pode entender que a Constituição fixa competência absoluta para mandado de segurança com base em um critério sem consequências processuais, pois, não sendo parte a autoridade, em nada afetaria o erro em sua indicação? Seria a competência fixada com base em mero "informante", sendo parte a pessoa jurídica, não mencionada em nenhum dispositivo constitucional acerca do mandado de segurança? Como é possível da sentença decorrer mandamento à autoridade diretamente, se a parte é a pessoa jurídica? E se a sentença fosse voltada à "parte – pessoa jurídica", como é da lógica processual, haveria a mesma celeridade e efetividade?

Com tudo e por tudo, não podemos crer que se desconsidere o enfoque constitucional dado à autoridade coatora, retirando-a da posição processual que lhe é inerente, de parte, para relegá-la a posições de relevo subalterno.

Sim, porque representante processual, já vimos, apenas supre a falta de capacidade da parte e atua no processo em nome desta, vale dizer, o representante não aparece no processo, não aparece nas decisões judiciais do processo, nem nos dispositivos legais ou constitucionais,

---

[241] BARBI, *op. cit.*, p. 97.

salvo em questões e dispositivos especificamente relativos à representação. O erro ou falta de representante é falta de pressuposto processual dilatório, sujeito à simples retificação e não influi em competência.

Adotada a linha sob crítica, teríamos, incoerentemente, um "terceiro" que não aparece no processo, mas sim em destaque na Constituição. A autoridade está em evidência nas decisões judiciais do processo, a ela diretamente dirigidas, é relevante na defesa do processo, sujeita à notificação para prestar informações, está nos dispositivos legais e constitucionais. A pessoa jurídica, de outro lado, não é objeto das ordens judiciais, não é objeto da notificação para informações, não é mencionada nos dispositivos constitucionais e, sob a égide da Lei nº 1.533/51, não era mencionada sequer nos legais.

Mesmo após o novo diploma, que insere novamente no âmbito do mandado de segurança a pessoa jurídica, esta não assume papel central na lide, cuja participação é facultativa, pois é cientificada para que, querendo, ingresse no feito, art. 7º, II, o que evidencia posição secundária, como mera interessada, não como parte, qualificação que exige ingresso obrigatório no feito.

Dessa forma, não concebemos como possa a autoridade ser retirada da relação jurídica processual, que se estabelece entre partes juiz e réu, para que nela se coloque a pessoa jurídica, apenas porque a autoridade, no seu agir funcional, não é dotada de personalidade.

Como diz Fábio Ulhoa Coelho, a personalidade jurídica "não tem existência fora do direito". Não pode, portanto, se sobrepor à Constituição, como argumento para desdizer o que dela se deduz.

O mesmo se diga quanto à teoria da "presentação". A "presentação" nada mais é que a representação que supre não a falta de capacidade civil da pessoa natural, mas a incapacidade da pessoa jurídica de manifestar por si sua vontade. Bem coloca Eduardo Arruda Alvim que "presentação" "é o que sucede nas hipóteses do art. 12, incs. I a IX, do CPC".[242] Mas estas hipóteses são tratadas no Código como representação, tendo, portanto, o mesmo regime daquela, podendo ser tida como uma espécie de representação em sentido lato. E se assim é, tudo que se disse acerca da representação vale para a "presentação".

Acresça-se a isso o fato de que o grande idealizador da teoria da "presentação", Pontes de Miranda, tratou do tema da legitimidade passiva em mandado de segurança com evidente dificuldade, que o levou, no entender de Sergio Ferraz, a "inabitual e surpreendente

---

[242] ALVIM, *op. cit.*, p. 69.

imprecisão", sem cogitar de aplicar tal teoria. Isso ao menos faz pensar que, talvez, não seja mesmo adequada ao caso.

O que se quer dizer, em suma, é que, sendo compatível com o sistema a qualificação da autoridade coatora como parte, a despeito de sua falta de personalidade em seu agir funcional, não há razão para que dela se retire esta posição, já que esta soa evidente nas disposições constitucionais e legais sobre o mandado de segurança.

No sentido da norma constitucional, a Lei nº 1.533 foi inteiramente recepcionada quando coloca a autoridade na relação jurídica processual do mandado de segurança, e não o faz com a pessoa jurídica, em seus arts. 1º, §§1º e 2º, 7º e 11, que tratam, respectivamente, da relação jurídica objeto da ação, da notificação para prestar informações e da intimação da sentença *à autoridade (não à pessoa jurídica)*.

Bem observou Buzaid, ainda, que o art. 2º da mesma lei diferencia a autoridade da pessoa jurídica que suporta o ônus da segurança, não havendo que se cogitar confusão ou imprecisão do legislador.

A sujeição passiva da autoridade independentemente da pessoa jurídica resta ainda mais clara sob a nova Lei nº 12.016/09, que as diferencia expressamente, depreendendo-se de suas disposições que a participação daquela é obrigatória, enquanto esta é cientificada apenas para que integre a lide se quiser.

Mas com que configuração, com que direitos e deveres, se posta a autoridade no processo de mandado de segurança?

Como sujeito de direito despersonalizado, qualificado como "autoridade", com todos os direitos (melhor, prerrogativas) e deveres que decorrem desta posição perante o ato coator, mas não como pessoa natural.

Expliquemos melhor nosso ponto de vista.

Entendemos que a autoridade é parte no mandado de segurança, na posição de agente público impessoal, não na de pessoa natural. Não é a "personalidade natural" que se sujeita ao mandado de segurança, mas sim o "ente despersonalizado autoridade".

Como expressamente diz Celso Antônio Bandeira de Mello na lição supracitada, *agente e pessoa física não são a mesma coisa. Aquele atua por meio de feixe de atribuições estatais, este por meio de seu patrimônio jurídico pessoal.*

Também assim leciona Adilson Dallari:

> Quando nós pensamos em autoridade coatora, nós pensamos na pessoa que pratica um determinado ato, mas eu já fiz questão de salientar aqui,

nós não podemos pensar na pessoa física que pratica o ato. A pessoa física é completamente irrelevante. Se o diretor de um departamento pratica um ato e no dia seguinte é substituído, por outro diretor, que até não concorda com aquele ato praticado, o mandado de segurança será impetrado contra o diretor do órgão, independentemente da pessoa física. A autoridade não é pessoa física, autoridade é um feixe de atribuições, autoridade é aquela pessoa que, reunindo esse feixe de atribuições, pratica o ato, mas o que importa aí é o feixe de atribuições. (...)

A minha preocupação e a minha afirmação foram no sentido da irrelevância da pessoa física, para fins de impetração do mandado de segurança, em termos do mandado de segurança, enfocando o mandado de segurança. Eu não disse que é irrelevante em termos do universo jurídico — não disse que é juridicamente irrelevante — mas para fins de mandado de segurança, sim. Senão, nós caímos num problema danado: toda vez que mudasse a autoridade — às vezes o mandado de segurança se prolonga por muito tempo, eu já estou cumprindo — agora — decisões tomadas em mandados de segurança que foram impetrados há muitos anos, já passaram três Secretários por lá — então, nós teríamos necessidade de denunciação da lide, teríamos até um litisconsórcio necessário com a pessoa física dos antigos Secretários. Por isso é que eu fiz questão de afirmar que é irrelevante para fins do mandado de segurança, não juridicamente irrelevante.[243]

Quando a autoridade se posta perante o Judiciário numa lide em mandado de segurança, não o faz com seu nome civil, mas com a qualificação de sua função pública, com a qualificação da posição no órgão em que atua; não o faz com todos os direitos e obrigações componentes de sua personalidade natural, nem mesmo com os direitos e obrigações que esta personalidade natural adquire em seu vínculo funcional com a administração, mas sim com as prerrogativas e deveres de que se vale em seu agir funcional, estas delimitadas numa unidade tida por órgão; não o faz com seu patrimônio pessoal, mas sim com o patrimônio que a pessoa jurídica lhe destina para o exercício de sua função.

A autoridade coatora será, assim, não a pessoa física, mas o exercente da função com competência sobre o ato coator, qualquer que seja a pessoa física que o ocupe.

---

[243] DALLARI, Adilson Abreu. A autoridade coatora. *In*: BANDEIRA DE MELLO, Celso Antônio (Coord.). *Curso de mandado de segurança*. São Paulo: Revista dos Tribunais, 1986. p. 44-45, 66.

O que sustentamos, em suma, é que a Constituição e a lei "separam" da pessoa jurídica a autoridade, agente dela ocupante da função competente sobre o ato coator, quem quer que seja a pessoa natural nesta posição, com todos os deveres e prerrogativas funcionais necessários para o exercício de tal competência, compondo, com isso, um sujeito de direito sem personalidade, para atuar no processo de mandado de segurança em defesa de sua "posição funcional", do órgão pelo qual atua, vale dizer, de seu ato e daqueles deveres e prerrogativas funcionais que com ele foram destacados da pessoa jurídica e, sucumbindo, exercer tais deveres e prerrogativas em estrita atenção à ordem judicial que lhe é diretamente dirigida.

Entendemos que isso é assim porque esta é a melhor configuração a atender aos princípios e pressupostos do mandado de segurança. É notório que se quer atingir a autoridade apenas em sua "posição funcional", buscando maior celeridade e efetividade na correção da ação ou omissão ilegal ou abusiva, não em sua personalidade física, mesmo porque esta em nada auxilia no mandado de segurança, que não é ação de responsabilidade por perdas e danos.

A especial ação constitucional não prescinde da atuação da autoridade dentro de sua qualificação como agente público, dentro do órgão, com seus deveres e prerrogativas a ela inerentes e relativas ao ato impugnado, mas não necessita da autoridade fora desta qualificação, com seus direitos e deveres de pessoa natural.

Com efeito, havendo lesão ou ameaça a direito líquido e certo por ato de agente público, a única solução, *se não existisse o mandado de segurança*, seria o ajuizamento de uma ação judicial contra a pessoa jurídica, pois se trata de um ato seu, externado por seu agente.

Mas, como alcançar a pessoa jurídica — tal qual ocorre em outras ações contra o Poder Público — não atende às necessidades que deram causa ao mandado de segurança, de máxima efetividade na defesa das liberdades públicas, destaca-se dela, como uma "unidade separada", o necessário para lidar com o ato coator por si e diretamente, sem os entraves à celeridade e à efetividade que decorreriam do acionamento da pessoa jurídica, com toda sua burocracia, com todos os seus agentes, prerrogativas e deveres que vão muito além do necessário ao melhor equacionamento da questão relativa ao ato ilegal ou abusivo.

Há, ainda, pontos pragmáticos que não podem ser ignorados.

Se notamos que a sujeição da pessoa jurídica na relação processual, em lugar da autoridade, desvirtuaria os fins precípuos do mandado de segurança, notamos também que sujeição da personalidade física seria flagrantemente injusta, visto que, no mais das vezes, a par de ilegal ou abusivo, o ato da autoridade é exercido no cumprimento do dever funcional, sem qualquer falta disciplinar.

Tiago Bologna Dias
Sujeição Passiva no Mandado de Segurança e a Autoridade Coatora

Em regra, o que se verifica na prática é que o agente coator pratica ato sujeito à segurança no cumprimento de ordem hierárquica não manifestamente ilegal, de ato normativo ilegal ou inconstitucional, de lei ou emenda inconstitucionais, ou mediante erro de fato ou de direito, sem dolo ou culpa. Agindo na observância de seu dever funcional, vale dizer, sem cometimento de falta disciplinar, atua no âmbito de sua posição funcional, sendo claramente descabido responsabilizar a personalidade física do agente. Temos uma relação jurídica entre a autoridade e o particular, da qual não participa a personalidade física daquela, esta a relação típica no mérito do mandado de segurança.

De outro lado, se o ato ilegal e abusivo é também contrário aos deveres funcionais, falta disciplinar, esta exceção apenas confirma a regra, pois ainda o que interessa ao particular é a posição funcional, pois dela decorre o poder de corrigir o vício do ato. Já à pessoa jurídica interessa esta falta, daí decorrendo uma relação jurídica entre esta (pessoa jurídica), ofendida na relação funcional, e a pessoa física da autoridade, relação que não se confunde com aquela objeto da segurança. Neste caso, cabe o regresso pelos ônus suportados pela pessoa jurídica em razão dos atos do seu agente, nos estritos termos do que preceitua o art. 37, §6º, da Constituição.[244]

Logo, a solução é considerar que não são partes nem a pessoa jurídica nem a física, mas sim a posição funcional, qualificada como sujeito autônomo para atendimento máximo à garantia constitucional do mandado de segurança.

Também não é autoridade coatora o órgão, ao contrário do que afirmam alguns defensores da corrente majoritária. A sujeição do agente e não do órgão é expressamente afirmada por Hely Lopes Meirelles.

Como se depreende da lição de Celso Antônio Bandeira de Mello, o órgão é o plexo de atribuições, o agente aquele que exerce este plexo. Pode-se considerar como órgão o plexo de prerrogativas

---

[244] Ressalte-se que sequer em ações condenatórias de rito ordinário a responsabilização direta da pessoa física do agente por atos funcionais dolosos ou culposos vem sendo admitida, como ilustra a posição do Supremo Tribunal Federal: "RESPONSABILIDADE – SEARA PÚBLICA – ATO DE SERVIÇO – LEGITIMAÇÃO PASSIVA. Consoante dispõe o §6º do artigo 37 da Carta Federal, respondem as pessoas jurídicas de direito público e as de direito privado prestadoras de serviços públicos pelos danos que seus agentes, nessa qualidade, causarem a terceiros, descabendo concluir pela legitimação passiva concorrente do agente, inconfundível e incompatível com a previsão constitucional de ressarcimento — direito de regresso contra o responsável nos casos de dolo ou culpa" (BRASIL. Supremo Tribunal Federal. RE 344133. Relator(a): Min. MARCO AURÉLIO. Primeira Turma. Julgado em 09/09/2008. Divulgado em 13/11/2008. Publicado em 14/11/2008. Ement., Vol. 02341-05, p. 00901).

e sujeições na qual se insere a autoridade no mandado de segurança. Com efeito, esta não se sujeita à ação em tela com todo o patrimônio jurídico da pessoa jurídica, mas apenas com as atribuições do órgão pelo que atua. Não obstante, estas atribuições não se confundem com o agente que as exerce.

Por tudo isso, dizemos que a autoridade leva consigo, quando "separada" da pessoa jurídica para fins de mandado de segurança, tudo o quanto é necessário para o exercício da competência sobre o ato coator, inclusive no que tange ao patrimônio público destinado a este fim, que serve, também, ao pagamento das custas processuais, decorrentes de seu agir funcional como autoridade acerca do ato.

De outro lado, é certo que, em regra, os ônus do mandado são suportados pela pessoa jurídica.

Mas também é certo que a sentença é dirigida à autoridade e é ela quem deve cumpri-la. A tutela jurisdicional, que é mandamental, *uma ordem personalíssima*, é dirigida à autoridade, inequivocamente, não à pessoa jurídica.

O alcance dos efeitos da sentença à pessoa jurídica não faz dela parte no processo, mas mera terceira interessada, como magistralmente demonstra Leonardo Castanho Mendes, em lição supracitada.

Isso se mantém com a Lei nº 12.016/09, sendo a pessoa jurídica comunicada da sentença, na forma do art. 13,[245] não para que a cumpra como parte passiva, mas, nos exatos termos da lei, na qualidade de "interessada", por certo para que esteja ciente de seus ônus.

Para fins de mandado de segurança, a relação jurídica entre a autoridade em sua posição funcional e o particular é a primária, a relação jurídica entre a pessoa jurídica e o particular é secundária.

Ademais, em certos casos não existe ônus à pessoa jurídica, como ocorre nos casos de mandado de segurança contra ato jurisdicional, tanto que há quem sustente, como Luana Pedrosa de Figueiredo Cruz, em lição supracitada, que em tais casos a parte seria, excepcionalmente, o juiz.

Este entendimento peca porque considera uma exceção o que na verdade é uma falha de argumentação na tese majoritária. O tratamento normativo dado à autoridade como parte no mandado de segurança, qualquer que seja a corrente que se adote, é uniforme, nada nele há que indique uma exceção aos atos jurisdicionais.

---

[245] "Art. 13. Concedido o mandado, o juiz transmitirá em ofício, por intermédio do oficial do juízo, ou pelo correio, mediante correspondência com aviso de recebimento, o inteiro teor da sentença à autoridade coatora e à pessoa jurídica interessada".

Contudo, cremos encontrar uma falha na tese de Leonardo Castanho Mendes, pois, embora concordemos integralmente com a construção relativa às relações jurídicas primária e secundária, que é especialmente útil para explicar a diferença entra as relações impetrante-autoridade e impetrante-pessoa jurídica, não podemos deixar de notar que, historicamente, pessoa jurídica sempre foi parte no mandado de segurança, *conjuntamente com a autoridade*, até o advento da Lei nº 1.533/51.

Isso, a nosso ver, não porque a pessoa jurídica seja parte da relação jurídica primária, ou porque não haja distinção entre as relações primária e secundária, mas porque a máxima efetividade da segurança só pode ser alcançada se a pessoa jurídica também for coberta pela coisa julgada, *nas hipóteses em que venha a ser alcançada pelos ônus do processo*. Ainda que a pessoa jurídica seja retirada do polo passivo da ação, a configuração histórica do mandado de segurança não comporta que a pessoa jurídica não seja alcançada pela coisa julgada. Foi com esta efetividade, sobre a autoridade e a pessoa jurídica, que se concebeu o mandado de segurança e pensamos que com esta característica, como com todas as outras que lhe são inerentes, foi recepcionado pelas sucessivas Constituições do Brasil.

Isso porque nos parece que a máxima efetividade desta ação constitucional só é assegurada se os efeitos da coisa julgada alcançarem também a pessoa jurídica, a despeito de a relação entre esta e o impe-trante ser secundária no mandado de segurança, evitando qualquer sorte de rediscussão da questão,[246] ainda que por vias oblíquas,[247] em prejuízo do titular do direito líquido e certo cuja ameaça ou lesão por ato ilegal ou abusivo já foi reconhecida em juízo.

Ao impetrante interessa que ambas as relações sejam resolvidas em definitivo, pois embora a ordem em proteção ao seu direito líquido e certo seja obtida na solução da primária — e é esta que está em foco na discussão da causa — esta proteção não é plena se resta ainda à pessoa jurídica a opção de discutir algum direito na secundária, porque não alcançada pela imutabilidade da primária.

Daí concluímos que esta relação secundária entre particular e pessoa jurídica, que revela interesse jurídico desta, deve, sempre, *ser coberta pela coisa julgada*.

---

[246] Salvo nos casos em que o sistema admite a rescisão da coisa julgada, tais como ação rescisória, erro material etc.

[247] Como, por exemplo, o ajuizamento de ação de rito ordinário em face da pessoa jurídica com o mesmo exato objeto, furtando-se à observância da litispendência ou da coisa julgada.

Isso pode ocorrer, segundo nosso sistema processual, de duas possíveis formas. Uma delas é a defendida pela corrente do litisconsórcio. A outra é a que defendemos, *a substituição processual*.

Cumulando a teoria do litisconsórcio com a das relações primária e secundária, explica-se bem como pode a autoridade ser parte e a pessoa jurídica sofrer os ônus da segurança, com força de coisa julgada, *sendo ela parte também*. Tem esta a desvantagem de haver duas partes defendendo da mesma forma o mesmo ato, em evidente prejuízo à economia processual, além de ser incompatível com o sistema da Lei nº 1.533/51, que claramente excluiu a pessoa jurídica do polo passivo. Há incompatibilidade também com a Lei nº 12.016/09, que passou a facultar expressamente à pessoa jurídica sua participação no processo, como terceira interessada, faculdade esta que já existia no regime anterior, de forma implícita, o que não prejudica a celeridade, já que sua atuação se dá em adesão à marcha processual, sem interrompê-la.

De outro lado, com a teoria das relações primária e secundária, explica-se como pode a autoridade ser parte e a pessoa jurídica sofrer os ônus da segurança, *sem ser parte, mas sem força de coisa julgada*. Elimina-se aqui o problema da economia processual, retirando a duplicidade de atos de defesa desnecessários, mas há o problema da coisa julgada.

Adotando nossa posição, que conjuga a teoria das relações primária e secundária com a da substituição processual, explica-se como pode a autoridade ser parte e a pessoa jurídica sofrer os ônus da segurança, *sem ser parte, mas com força de coisa julgada*. Eliminam-se ambos os problemas, o de economia processual e o da coisa julgada.

É certo que os mesmos problemas se solucionam pela adoção pura da teoria da substituição processual. Contudo, a não aplicação com ela cumulativa da teoria das relações primária e secundária cria outros: desconsidera a relação jurídica primária, a fundamental, da qual decorre a mandamentalidade direta sobre a autoridade, pois, se corretas suas premissas, seria muito mais coerente simplesmente manter a pessoa jurídica e eliminar a autoridade, sem a necessidade de se recorrer à substituição processual; não explica o que a autoridade estaria fazendo na Lei nº 191/36 — que previa expressamente a participação no processo desta e da pessoa jurídica — já que não seria a autoridade parte de nenhuma relação material nem substituta processual.

Ora, mas como podemos vir dizer que a autoridade é substituta processual e parte ao mesmo tempo?

É que entendemos que as duas posições processuais não são excludentes, vale dizer, uma mesma parte pode ser legitimada ordinária, atuando em nome próprio em interesse próprio, e ao mesmo tempo substituta processual, atuando em nome próprio no interesse alheio.

Nada há de absurdo nisso, nem de incompatível, tanto que as Leis nºs 1.533/51 e 12.016/09 preveem a mesma figura para o polo ativo, como já exposto *supra*.[248]

Também não há problema no fato de se estar aqui tratando de sujeição passiva, quando os casos típicos do sistema de substituição processual são na sujeição ativa, porque, como já exposto, a defesa nada mais é que o direito de ação sobre o viés do demandado.[249]

Este entendimento decorre quase de forma automática da análise da transição do tratamento do polo passivo da Lei nº 191/36 (repetida no Código de Processo Civil de 1939) para a Lei nº 1.533/51.

Esta supressão de uma das partes da relação processual, a pessoa jurídica, deu-se porque havia duplicidade de atuação processual em defesa do ato coator. Duas partes faziam a mesma defesa do mesmo ato, em evidente desserviço à economia processual e à celeridade, princípios inerentes aos remédios constitucionais, o que levou o legislador a simplificar o procedimento, concentrando toda a defesa na autoridade, conforme bem justifica Celso Agrícola Barbi, que, em mais uma contradição, nisso não vê indício de que a parte é a autoridade:

> No sistema das legislações anteriores, em que, além do pedido de informações à autoridade coatora, havia a citação da pessoa jurídica de direito público, a defesa desta devia ser apresentada no prazo de dez dias e sob a forma de contestação. Como o ato coator devia prestar informações em igual tempo, tínhamos, na prática, uma inútil duplicação de defesa, Pode-se atribuir esse fato à conjunção de dois princípios: a aproximação histórica com o *habeas corpus*, em que o pedido de informações à autoridade coatora sempre foi usado, e a regra geral de que as pessoas jurídicas de direito público têm representantes judiciais encarregados de sua defesa em juízo. Desse conjunto de influências surgiu a duplicação de ato judicial, com a ociosa repetição dos mesmos argumentos nas informações da coatora e na contestação do representante legal da entidade pública.
>
> O sistema da Lei nº 1.533 – O desenvolvimento histórico do mandado de segurança teria, porém, de liberá-lo dos atos inúteis. Se é essencial a esse tipo de processo que a inicial venha desde logo com a prova completa dos fatos, se a cópia desses documentos é enviada ao coator para que este possa examina-los, evidentemente a informação que ele prestar deve vir logo com a apreciação da prova e com a sustentação da legalidade de seu ato. Se a autoridade coatora devesse apenas prestar informações sobre os fatos, dispensável seria a remessa das mencionadas

---

[248] *Vide* tópico 2.1.3.3 "b".

[249] *Vide* tópico 2.1.

cópias, bastaria a da inicial, para que ela soubesse qual o ato impugnado e prestasse seus esclarecimentos sobre os fatos.

A Lei nº 1.533 operou no campo legislativo essa modificação, que a prática aconselhava e que o princípio da economia processual tornava de rigor. Fez isto ao suprimir a citação da pessoa jurídica de direito público e manter o pedido de informações à autoridade coatora, o qual, como demonstramos no Capítulo XV, constitui a atual forma de citação inicial.[250]

Faltou ao grande mestre a inevitável conclusão: suprimida a citação da pessoa jurídica de direito público e sua contestação, suprimiu-se esta do polo passivo do processo, mantida como parte apenas a autoridade e como defesa apenas as informações.

A solução foi, como se vê, suprimir a duplicidade, sendo a defesa feita toda ela pela autoridade, mantido, porém, o alcance da coisa julgada sobre a pessoa jurídica. A conclusão mais lógica é que, após a Lei nº 1.533/51, a **autoridade passou a ocupar sozinha a posição processual das duas partes anteriormente presentes na Lei nº 191/36, em defesa de ambas.**

Admite-se que a legitimidade do ato coator, que interessa à autoridade em sua posição funcional e à pessoa jurídica, seja defendida em juízo por apenas um deles, aquele cuja participação no processo mais interessa à efetividade da jurisdição, em nome de ambos.

Assim, concluímos que, sendo possível, para o mesmo fim, tanto o litisconsórcio como a cumulação na mesma parte da legitimidade ordinária e da substituição processual, há de se optar pela forma mais efetiva e econômica processualmente, sendo exatamente isso, a nosso ver, que fez a Lei nº 1.533/51, ao não mais prever a sujeição da pessoa jurídica.

A Lei nº 12.016/09 mantém o mesmo espírito, apenas regulamentando a participação facultativa da pessoa jurídica, sem prejuízo da marcha processual, que já ocorria na prática em alguns casos.

Ressalte-se, por fim, que em nada se confunde a substituição processual ora defendida com a "presentação" ou com a representação. A diferença entre os institutos já foi abordada em tópico próprio.[251] Se, como vimos, quem compõe o polo passivo, quem é referido pela lei e pela Constituição, é a autoridade, não a pessoa jurídica, não há atuação em nome alheio, mas em nome próprio.

---

[250] BARBI, *op. cit.*, p. 197-198.
[251] *Vide* tópico 2.1.3.3 "b".

Enfrentemos agora o argumento relativo à origem histórica da ação em tela.

Sustenta a corrente majoritária que os institutos de influência histórica do direito comparado no mandado de segurança, cujas partes eram as autoridades, não poderiam servir de base na questão relativa à sujeição passiva, já que a sujeição da autoridade no lugar da pessoa jurídica seria incompatível com nosso regime constitucional de responsabilidade do Estado.

Ora, já mostramos que não há tal incompatibilidade, desde que se entenda que a autoridade ocupa o polo passivo enquanto tal, não com sua personalidade física. É a própria Constituição Federal originária que destaca a autoridade da pessoa jurídica, assim, se há alguma exceção, quem a trouxe foi o constituinte originário, que não pode ser contestado.

Desse modo, a origem histórica do *mandamus* é sim um forte argumento na defesa da sujeição da autoridade.

De fato, entendemos que a sujeição passiva da autoridade no *judicio de amparo*, no *habeas corpus* e em *writs* americanos é inerente a tais figuras jurídicas. Sem isso, a propalada influência se perderia na transposição de regimes jurídicos.

Mas, como se nota na análise da evolução histórica do instituto,[252] isso não ocorreu, a sujeição passiva da autoridade sempre foi inerente também à figura do mandado de segurança, não havendo momento histórico algum em que esta configuração, extraída alhures, tenha sido rompida.

O que se tem em alguns períodos é a sujeição conjunta da autoridade com a pessoa jurídica e, no regime atual, a participação da pessoa jurídica facultativa, como terceira interessada. Apenas o ente personalizado no polo passivo nunca foi cogitado no direito positivo.

Ressaltamos novamente, os regimes constitucionais sucessivos recepcionaram o mandado de segurança com as características fundamentais que lhe eram conferidas no regime anterior. Se assim não fosse, estaríamos negando o conteúdo jurídico mínimo da expressão "mandado de segurança", que, contudo, também faz parte da norma constitucional, sendo por si um conceito jurídico passível de interpretação e força normativa.

Dito isso, passemos agora aos argumentos de Sergio Ferraz.

Ao argumento de que a Constituição Federal resolve a questão em seus arts. 131 e 132, acerca da representação judicial dos entes

---

[252] *Vide* tópico 1.2.

políticos, valemo-nos dos argumentos de Eduardo Arruda Alvim,[253] que a nós servem também a sustentar que os dispositivos constitucionais em tela não justificam a posição da pessoa jurídica como parte:

> Com base em referidos dispositivos, diz Sergio Ferraz que não seria sustentável — por inconstitucional — a tese de que à autoridade coatora, ao prestar informações, caberia presentar a pessoa jurídica cujos quadros integre, porquanto tal presentação só poderia ser feita na forma do disposto nesses 2 (dois) artigos (artigo 131 e 132).
>
> Releva, todavia, notar que as regras dos arts. 131 e 132 não têm a extensão e abrangência que lhes pretende imprimir o Mestre. Assim como a regra do art. 133 comporta diversas exceções (v.g. na área trabalhista, ou em matéria processual penal, em sede de habeas corpus), não agride o Texto Constitucional o entendimento de que, no caso específico do mandado de segurança, por ser a autoridade coatora que pratica o ato impugnado, a ela cabe presentar a pessoa jurídica cujos quadros integre.
>
> (...)
>
> Convenha-se, ademais, que a invocação aos arts. 131 e 132 da CF/88 não explica o porquê da suposta necessidade da citação da pessoa jurídica de Direito Privado, no exercício de atribuições do Poder Público, contra as quais também cabe mandado de segurança, hoje, segundo expressa previsão constitucional (CF/88, art. 5º, inc. LXIX, parte final).[254]

Como já vimos, a "presentação" não serve ao fim pretendido por esta doutrina, mas os mesmos argumentos são aplicáveis para sustentar que os arts. 131 e 132 em nada colaboram com a corrente majoritária.

O art. 5º, inciso LXIX, da Constituição, como já dito, ao invocar a autoridade, justifica a sujeição passiva desta, servindo, portanto, a respaldar uma exceção, advinda do constituinte originário, aos referidos arts. 131 a 132.

Ademais, cabe ressaltar que referidos arts. 131 e 132 não se aplicam às pessoas de direito privado, como bem observado por Eduardo Arruda Alvim e, acrescentamos, tampouco aos Municípios. Contudo, repetimos o óbvio, o tratamento da questão deve ser uniforme em todos os casos.

Já o argumento de que informações não são defesa, com conteúdo irrelevante processual, também não prospera. De fato, até mesmo

---

[253] Utilizados por ele para sustentar que as informações constituem a defesa a ser apresentada pela autoridade.

[254] ALVIM, *op. cit.*, p. 75, 76-77.

defensores da tese da pessoa jurídica como parte admitem as informações como genuína defesa, tal qual faz Celso Agrícola Barbi, na lição já citada.

Com efeito, a tese de Sergio Ferraz, pela defesa da pessoa jurídica, além das informações da autoridade, é contrária ao fim de celeridade do rito ora discutido, mormente quando se observa, como evidencia Barbi, que a autoridade faz, ou deve fazer, a mesma defesa que a pessoa jurídica faria.

Acrescentamos, ademais, que, à falta de previsão legal específica nas leis do mandado de segurança, a contestação da pessoa jurídica, se de direito público, teria que aguardar os sessenta dias do Código de Processo Civil.

A isso o Professor ora comentado alega que o prazo da defesa da pessoa seria de dez dias, porque este é o único prazo que a lei do mandado traz. Tal argumento, com toda a vênia, não tem guarida, pois se assim fosse os prazos de recurso também deveriam ser de dez dias, mas, como é pacífico, tais prazos são, por subsidiariedade, os do Código de Processo Civil, inclusive com a dobra do art. 188.

Continuando nesta questão, Sergio Ferraz diz que as informações teriam conteúdo de irrelevante processual.

Com o devido respeito que lhe é merecido, não conseguimos conceber como o ato processual fundamental da autoridade, que é posta pela Constituição como base para a delimitação de competência jurisdicional absoluta, seja "um irrelevante".

Além do todo o exposto, concluímos que as informações são defesa também porque não cabe em nosso sistema ação contenciosa sem defesa, conforme se extrai do art. 5º, LV, da Constituição, mas a Lei nº 12.016/09 determina a notificação da autoridade, verdadeira citação por outro nome, para que, obrigatoriamente, informe em 10 (dez) dias, enquanto cientifica a pessoa jurídica a integrar o processo apenas se quiser, sem mencionar defesa desta ou prazo para sua apresentação.

Outra questão posta pelo ilustre doutrinador em comento diz respeito à afirmação da verdade pelas partes.

Sustenta ele que a autoridade, como agente público, deve estar jungida à verdade, o que não ocorreria com as partes.

A isso respondemos que a autoridade é parte sem se despir da função de agente, como já exposto e, ainda, que as partes estão sim vinculadas à verdade.

Causa espécie a afirmação, pois faz parecer que as partes, em processo civil, têm o direito de mentir e nenhum dever com a verdade, conclusão perigosa que pode ser tida como verdadeira a um desavisado que a leia e venha a aplicá-la na atuação profissional.

É que o Código de Processo Civil enuncia deveres éticos às partes, bem como a todos aqueles que de qualquer forma participam do processo, dentre os quais "expor os fatos em juízo conforme a verdade", art. 14, I, sendo litigante de má-fé, sujeito à multa e à indenização, aquele que "altera a verdade dos fatos", art. 17, II. Em processo civil, a mentira não é direito de defesa, mas sim abuso deste direito.

Quanto ao Professor Sergio Ferraz, comentamos um último ponto, no qual concordamos.

Acerca da "presentação" e da representação, pergunta: "quem, ou que texto normativo, autoriza tão original 'representação'?" Também aguardamos resposta.

Vistos os argumentos de Sergio Ferraz, passemos a tratar de alguns argumentos de Arlete Aurelli, que também, com o devido respeito, não nos convencem.

Quanto ao fato de que a morte, remoção etc. da autoridade coatora não leva a modificações processuais, argumentamos que de fato assim é porque, como exposto, a autoridade não responde com sua personalidade física, mas em sua posição funcional, como autoridade.

Logo, o que importa para fins de sujeição passiva no mandado de segurança é o ocupante do cargo, quem quer que o seja. Removido, morto, promovido etc. o ocupante do cargo, outro agente virá em seu lugar ocupar a mesma posição e assim responderá ao mandado de segurança.

Repetimos, não é em seu nome que responde o agente, mas no de seu cargo como autoridade.

Assim, por exemplo, a autoridade coatora, parte, será o Delegado da Receita Federal do Brasil em São Paulo, não "Fulano de Tal", ocupante desta posição funcional de autoridade. A pessoa física, já o dissemos, é irrelevante. Assim, impetrado o mandado de segurança contra o Delegado da Receita Federal do Brasil em São Paulo, ainda que Fulano de Tal, no curso do processo, deixe o cargo, que passa a ser ocupado por Beltrano, nada muda.

Morto ou removido o ocupante do cargo em algum momento, não desaparece o cargo, outro ocupará a mesma posição funcional e continuará no processo.

Com efeito, está no âmbito do dever funcional do sucessor no cargo defender os atos de seu antecessor, se praticados no exercício regular da função. Há uma transferência de posição funcional, com as mesmas prerrogativas e deveres, inclusive o de defesa de ato em mandado de segurança.

Se atos praticados em infração disciplinar, evidentemente não existe tal dever de continuar defendendo o ato infracional, o que, contudo, não afasta a regra. A posição funcional é transferida da mesma forma, devendo o sucessor exercê-la regularmente, eventualmente anulando o ato e levando à perda do objeto do feito ou ao reconhecimento do pedido.

Nada impede, também, que o sucessor, constatando erro de boa-fé do antecessor, o corrija, o que pode levar também, conforme o caso, à perda do objeto do *writ* ou ao reconhecimento do pedido.

Se o cargo for extinto, outro o sucederá na mesma competência sobre o ato coator, quer haja disposição expressa ou não nesse sentido, como veremos melhor em tópico próprio.

Assim, entendemos que este argumento da Professora Aurelli não prospera.

Outro argumento que merece comentários é aquele segundo o qual a autoridade não poderia recorrer, não podendo, portanto, ser parte, em virtude do que, segundo a doutrinadora, dispunha o art. 12 da Lei nº 1.533/51.

Ocorre que o dispositivo citado não dizia, em absoluto, que a autoridade não podia recorrer, mas sim que cabia apelação, nada além disso.

Em verdade, em nenhum lugar no ordenamento jurídico estava dito que a autoridade não poderia recorrer.

Logo, estamos com as citadas razões e conclusões de Hely Lopes Meirelles e Leonardo Castanho Mendes, que pedimos vênia para não repetir, segundo as quais era perfeitamente possível o recurso do coator, já que parte.

Com o advento da Lei nº 12.016/09 não há mais dúvida, o direito da autoridade coatora de recorrer é expressamente previsto em seu art. 14, §2º.

Tratemos, por fim, da lição de Cassio Scarpinella Bueno, no que sustenta ser o art. 3º da Lei nº 4.348/64 evidência de que a parte é a pessoa jurídica.

Entendemos que este argumento não se sustenta a uma análise mais acurada do dispositivo legal.

Em sua redação original, o referido artigo determinava que a autoridade coatora, no prazo de quarenta e oito horas da notificação da medida liminar, remetesse ao *representante judicial* da entidade apontada como coatora cópia do mandado de notificação, indicações e elementos necessários às providências para eventual suspensão da medida e *defesa do ato* apontado como ilegal e abusivo.

A redação trazida pela Lei nº 10.910/04, com algumas pequenas alterações, determinou a direta e pessoal intimação dos *representantes judiciais* dos Entes Políticos, suas autarquias e fundações, das decisões judiciais em que suas autoridades administrativas figurem como coatoras, *para eventual suspensão da medida e defesa do ato apontado como ilegal e abusivo.*

A nova Lei nº 12.016/09, por seu turno, retoma o regime original do art. 3º da Lei nº 4.348/64, em seu art. 9º,[255] restabelecendo o dever da autoridade de remeter cópias à *representação judicial* do ente, *para a eventual suspensão da medida e defesa do ato apontado como ilegal ou abusivo de poder.* Apenas inova ao determinar que as mesmas cópias devam ser encaminhadas também à autoridade hierarquicamente superior.

Nota-se, de plano, que em tais dispositivos não se manda citar ou intimar as pessoas jurídicas, nem se manda defendê-las. *Os intimados são os agentes inseridos nos órgãos de representação judicial* e o que se defende é o *ato impugnado.*

A conclusão a que se chega, mormente considerado todo o exposto até aqui, jamais poderia ser que a pessoa jurídica é intimada e que esta intimação tem por fim a defesa desta.

O que se conclui, sem qualquer esforço, é que *os intimados são os agentes inseridos nos órgãos de representação judicial da pessoa jurídica, para auxílio técnico jurídico da autoridade na defesa de seu ato, já que, como demonstrado, a autoridade leva consigo, quando "separada" da pessoa jurídica para fins de mandado de segurança, tudo quanto é necessário para o exercício da competência sobre o ato coator, inclusive a assistência jurídica, que é destinada, também, a seu agir funcional como autoridade acerca do ato.*

Se a autoridade pode valer-se das Procuradorias na sua atividade administrativa cotidiana, porque não o poderia no exercício de sua posição funcional no mandado de segurança?

Isso era especialmente claro na redação original da Lei nº 4.348/64, retomada pela Lei nº 12.016/09, que incumbe a autoridade mesma de comunicar à representação judicial e, assim, solicitar subsídios para sua defesa, a ser realizada nas informações.

---

[255] "Art. 9º As autoridades administrativas, no prazo de 48 (quarenta e oito) horas da notificação da medida liminar, remeterão ao Ministério ou órgão a que se acham subordinadas e ao Advogado-Geral da União ou a quem tiver a representação judicial da União, do Estado, do Município ou da entidade apontada como coatora cópia autenticada do mandado notificatório, assim como indicações e elementos outros necessários às providências a serem tomadas para a eventual suspensão da medida e defesa do ato apontado como ilegal ou abusivo de poder".

Como bem leciona Cleide Previtalli Cais, ao tratar do art. 3º da Lei nº 4.348/64, este traçava um dever a ser cumprido pela autoridade, sob pena de responsabilidade disciplinar. De fato, a autoridade como parte leva consigo seus deveres e prerrogativas atinentes ao ato coator, dentre eles, na esfera federal, a do art. 116, I, da Lei nº 8.112/90, "exercer com zelo e dedicação as atribuições do cargo".[256]

Nisso se insere, evidentemente, a solicitação de auxílio técnico para responder ao mandado e defender o ato.

Nesse sentido é a lição de Celso Agrícola Barbi, mais uma vez nos dando argumentos para sustentar em divergência com sua posição:

> A conclusão a que chegamos é que, nos termos da legislação vigente — que não é lacunosa e não merece censura nessa parte —, a defesa da pessoa jurídica de direito público é feita nas informações prestadas pela autoridade coatora, no prazo de dez dias, e que têm, assim, natureza de contestação. A circunstância de não assumir a roupagem desta é destituída de influência. Ao coator incumbe apresentar a questão examinada sob todos os ângulos que se lhe afigurem adequados, quer quanto os fatos quer quanto ao direito. Se não tem habilitação jurídica suficiente, recorra aos advogados e procuradores da entidade pública a cujos quadros pertença, se quiser defendê-la eficientemente. Se não o fizer, responderá, naturalmente, perante ela, pelo mau desempenho de sua função.[257]

Não obstante, a prática mostrou certa negligência em alguns casos, o que levou à modificação da lei, para intimação direta da representação judicial, que, contudo, manteve a mesma função, qual seja, *o auxílio à autoridade para a defesa do ato*. Voltando a confiar no agente público, a Lei nº 12.016/09 devolve-lhe a incumbência.

Observe-se, ainda, que, se a lei pretendesse a intimação das pessoas jurídicas para sua própria defesa, assim teria declarado. Seria muito mais simples e claro que as redações original e atual — que visivelmente se preocuparam em mencionar as representações judiciais — indicassem em seu lugar as entidades, no que estaria pressuposto que as intimações destas se dariam na pessoa de seus procuradores, na forma do art. 12 do Código de Processo Civil e leis específicas das Procuradorias.

Mais uma evidência de que não se pretendeu intimar as pessoas jurídicas a apresentarem a defesa, porque elas não são partes.

---

[256] CAIS, *op. cit.*, p. 316.

[257] BARBI, *op. cit.*, p. 199.

Capítulo 4
Legitimidade Passiva em Mandado de Segurança e Autoridade Coatora | 119

A alteração promovida pela Lei n° 12.016/09 em seu art. 7°, II, que faculta à pessoa jurídica sua integração à lide, não infirma esta conclusão, muito ao contrário, a reforça, pois é a interpretação que melhor compatibiliza este dispositivo com o art. 9°.

Enquanto o primeiro trata do direito do ente de, querendo, participar do processo, o outro dispõe acerca do auxílio da representação judicial à autoridade na defesa do ato. Com efeito, esta é a única exegese que justifica a existência concomitante dos dois dispositivos. Se a norma do art. 9° dissesse respeito à intimação e defesa da pessoa jurídica, a que se prestaria o art. 7°, II?

Observamos que curioso é o raciocínio de Scarpinella Bueno no trato desta questão, ao analisar a regência legal anterior à Lei n° 12.016. Pressupondo que a parte é a pessoa jurídica, concluiu que a Lei n° 10.910/04 teria revogado as disposições relativas à notificação da autoridade e suas informações. Excluiu, assim, a autoridade do processo. Conclusão coerente, com a premissa, que nos parece equivocada. De fato, se, conforme sua premissa, a única relação jurídica a considerar é aquela entre a pessoa jurídica e o impetrante e não tem sentido a realização de defesa em duplicidade, não há o que a autoridade estar fazendo no rito processual.

Verificando, após refletir, que esse entendimento afrontava a Constituição Federal, pois retirar a autoridade seria ofender o modelo constitucional do mandado de segurança, ao invés de corrigir a premissa, parece, *data venia*, ter prejudicado a conclusão, continuando a entender que a parte é a pessoa jurídica.

Sustentar que a lei tenha emprestando ao mandado de segurança o mesmo regime do art. 12, I, II e VI, do Código de Processo Civil é sustentar afronta ao modelo constitucional, diz o Professor.

Mas sustentar a teoria da "presentação", como ele faz, é precisamente emprestar ao mandado de segurança o mesmo regime do art. 12, I, II e VI, do Código de Processo Civil, já que estas são as típicas hipóteses de "presentação", como já tratado.

O que não percebeu o grande processualista é que, enquanto não considerar a autoridade coatora como parte, invariavelmente irá continuar esbarrando no modelo constitucional do mandado de segurança.

Cabe, por fim, um comentário à posição de Celso Bastos e Lúcia Valle Figueiredo, que reconhecem interesse jurídico da autoridade no processo para resguardar eventual responsabilidade regressiva por danos, na forma do art. 37, §6°, da Constituição.

Enfocam, contudo, não a responsabilidade da autoridade em sua posição funcional, mas sim de sua pessoa física. Destarte, como já exposto, a pessoa física só responderá desta forma se o ato coator for, além de ilegal e abusivo, praticado em desacordo com o dever funcional, culposa ou dolosamente, numa relação jurídica secundária em relação àquela objeto do *mandamus*.

Como, na prática, na maioria dos casos sequer se cogita a responsabilidade do agente, porque o ato coator é praticado em conformidade com o dever funcional, a hipótese é excepcional e não se confunde com aquela em que a autoridade é parte no exercício da função.

Se ocorrer a exceção, não se estará, a rigor, falando da autoridade, mas da pessoa física que ocupou esta posição no momento da prática do ato, coisa diversa. Enfoca-se, então, para a configuração do interesse jurídico, a relação entre a pessoa física e a pessoa jurídica, pautada no direito de regresso, não a relação autoridade e particular, esta a principal da lide.

Dessa forma, tal configuração de responsabilidade da "autoridade" (ou melhor, da pessoa física que assim praticou o ato) até pode ser aceita e é compatível não só com a corrente majoritária, mas também com a tese da sujeição passiva da autoridade em sua posição funcional, tratando, porém, de relação jurídica que não se confunde com a do mandado de segurança, sendo por ela reflexamente tocada apenas. Como bem afirma Adilson Dallari, a pessoa física é irrelevante para o mandado de segurança, não no mundo jurídico.

Concluída a análise da corrente pela sujeição da pessoa jurídica, passemos agora à abordagem atenta dos argumentos da corrente pelo litisconsórcio.

4.2.2 Litisconsórcio

A corrente que sustenta o litisconsórcio tem o mérito de reconhecer a sujeição passiva da autoridade. Contudo, peca por manter a pessoa jurídica como parte, presa ao regime da Lei nº 191/36 e do Código de Processo Civil de 1939, que teria sido reestabelecido pela Lei nº 4.348/64.[258]

Como expusemos em tópico anterior, fiados na lição de Barbi, a Lei nº 191/36 continha desnecessária duplicidade de partes e atos, prejudicando a máxima efetividade do mandado de segurança com atos inúteis, "com a ociosa repetição dos mesmos argumentos nas informações da coatora e na contestação do representante legal da entidade pública".

---

[258] BUZAID, *op. cit.*, p. 167.

Assim, andou muito bem a Lei nº 1.533/51 em manter uma única parte e centrar nela toda a defesa, *o que, insistimos, não mudou com a Lei nº 4.348/64, que apenas tornou expresso o que, a rigor, já era implícito no dever funcional de diligência do agente público: a autoridade deve se valer da representação judicial da pessoa jurídica a que se vincula para auxiliá-la na defesa do ato.*

A isso responderia esta corrente, com pauta na lição de Buzaid, que:

> Ousamos apenas supor que, quando o mandado de segurança produz conseqüências patrimoniais a que fica sujeita a entidade autárquica ou a Fazenda Pública, é aberrante dos princípios processuais que a estas não seja dada a oportunidade de aduzir as razões que têm contra o impetrante.[259]

Esta preocupação é resolvida, como já tratado, tanto pela teoria das relações jurídicas primária e secundária (neste caso, sem efeitos de coisa julgada sobre a pessoa jurídica) quanto pela da substituição processual com aquela cumulada (neste caso, com efeitos de coisa julgada).

Como se vê, a corrente defendida por Buzaid se aproxima de nosso pensar, pois considera a existência de dupla relação jurídica, já que admite como partes materiais a autoridade e a pessoa jurídica, apenas deixando de notar que a pessoa jurídica deixa de ser parte processual, como era originalmente, a partir da Lei nº 1.533/51.

A Lei nº 12.016/09 traz a pessoa jurídica de volta ao processo, não como parte, mas sim como terceira interessada, que pode assumir, querendo, a posição de assistente litisconsorcial, estabelecendo-se situação que muito se aproxima da sustentada por esta corrente. A diferença é que para Buzaid ela deve sempre e obrigatoriamente ser parte, enquanto a nova lei traz mera faculdade de integração à lide.

4.2.3 Substituição processual

Como vimos, esta corrente tem o mérito de resolver os problemas da duplicidade de atuações defensivas iguais sem desconsiderar os efeitos da coisa julgada sobre a pessoa jurídica, mas peca por ignorar a relação material da autoridade, a relação primária do mandado de segurança.

---

[259] BUZAID, *op. cit.*, p. 169-170.

A presença desta relação primária é imprescindível porque dela decorre a sujeição direta da autoridade à tutela mandamental. A ordem é dirigida diretamente à autoridade competente para decidir sobre o ato, não à pessoa jurídica. O sujeito da sentença é a autoridade. A decisão judicial alcança a pessoa jurídica apenas reflexamente, com foros de coisa julgada porque, por meio de substituição processual, participou da lide.

É a autoridade que recebe a ordem para a execução imediata, específica e *in natura* da providência determinada pelo juiz,[260] sob as cominações cabíveis. Como dito em tópico anterior, "a sentença em mandado de segurança confere um comando à autoridade coatora diretamente, que deve ser cumprido sob pena de responsabilidade e deve ser atendido de forma específica, não admitindo sucedâneos. Isso sempre estará presente no mandado, qualquer que seja seu pedido".

Se a autoridade fosse parte apenas como substituta, a sentença teria que ser voltada à pessoa jurídica, perdendo a efetividade.

Note-se que, *em caso de descumprimento*, no âmbito da satisfação da sentença mandamental e da correção do ato coator a autoridade é, excepcionalmente, alcançada em sua personalidade física, porque útil à máxima efetividade do mandado de segurança. Não vale, neste específico caso, a afirmação de que alcançar a personalidade física não interessa ao impetrante.

Reiteramos que a autoridade, como sujeito de direito sem personalidade, para atuar no processo de mandado de segurança, é considerada titular apenas de seus deveres e prerrogativas funcionais atinentes ao ato coator e, sucumbindo, deve exercer tais deveres e prerrogativas em estrita atenção à ordem judicial que lhe é diretamente dirigida.

Mas, se descumpre a ordem judicial, sai desta configuração e os deveres e prerrogativas que detém como parte despersonalizada não são mais suficientes à efetividade do mandado de segurança, instaurada está uma excepcional situação, que só pode ser equacionada com a consideração da personalidade física do agente.

Ademais, o cometimento do ilícito descumprimento não está, evidentemente, no âmbito da posição funcional, o que também justifica o alcance da personalidade física.

Poder-se-ia, *prima facie*, dizer que estamos em contradição, porque antes dissemos que quando o agente pratica o ato coator em falta dolosa ou culposa ainda assim seria parte, só podendo ser responsabilizado perante a pessoa jurídica em ação regressiva.

---

[260] MEIRELLES, 2003, p. 98.

Basta, contudo, uma análise mais atenta, para que se verifique que as hipóteses são diversas.

No caso do ato coator que configura falta dolosa ou culposa, como vimos, só interessa ao impetrante que se alcance a posição funcional. O dano será suportado pela pessoa jurídica, sendo dela o interesse em regresso. A relação jurídica é a funcional, pessoa jurídica em face da pessoa física da autoridade.

No caso do descumprimento da sentença mandamental, por outro lado, a efetividade plena exige que se alcance a pessoa física do impetrado, não bastando a posição funcional, e a responsabilização direta desta é possível porque não se está condenando a reparar dano em substituição à tutela específica, o que levaria à incidência do art. 37, §6º, da Constituição, mas sim tomando medidas coativas para a satisfação plena de tal tutela. Por fim, a relação jurídica instalada é entre o impetrante e a pessoa física do impetrado, que se despe da função para desobedecer à ordem, não entre tal pessoa e a jurídica, como no caso anterior.

Tudo isso só é possível se a autoridade for parte por si. A mera substituição processual não teria as mesmas consequências.

Como bem observou Leonardo Castanho Mendes, a sujeição material da autoridade é indissociável da especial efetividade da mandamentalidade do remédio heroico.

Mais, considerando a autoridade independentemente da personalidade física podemos constatar, inequivocamente, interesse jurídico daquela, sem se despir de sua posição funcional, na defesa de seus deveres e prerrogativas, na defesa do ato sob sua alçada, que não se confunde com o interesse da pessoa jurídica. A primeira quer manter o ato em defesa de sua função, ao passo que a segunda visa a evitar os ônus que decorram da segurança.

Temos, assim, que a sujeição material da autoridade não pode ser desconsiderada, a par da substituição processual.

Concluindo este tópico, não poderíamos deixar de mencionar a posição de Luis Eulálio Bueno Vidigal e José Cretella Júnior, que diferenciam sujeito da ação de sujeito do processo.

Esta distinção é útil para explicar a substituição processual, mas o fato de tal corrente doutrinária exigir além da substituição o litisconsórcio, para que a pessoa jurídica seja alcançada pela coisa julgada, esvazia sua importância prática.

4.2.4 Autoridade coatora

Por fim, tratemos da corrente que sustenta a sujeição passiva material da autoridade coatora.

Desta corrente colhemos quase todos os argumentos, já que admitimos a sujeição da autoridade, tanto é que muitos deles foram por nós utilizados nos tópicos anteriores.

Há divergência apenas na configuração desta sujeição, que entendemos não seja com a personalidade física, mas com a posição funcional, bem como na cumulação com a substituição processual.

Da lição de Hely Lopes Meirelles comentamos a afirmação de que a pessoa jurídica pode ser litisconsorte facultativo ou assistente.

Posto que a autoridade é também substituta processual, é preciso apurar se tal colocação ainda é válida em nossa tese.

Com efeito, a aplicação de nossa construção quase esvaziaria a atuação da pessoa jurídica como litisconsorte facultativa ou assistente, visto que sua defesa já se encontra inteiramente sob encargo da autoridade.

Ocorre que, na prática, em muitos casos, a pessoa jurídica vem ao processo apresentar defesa a par das informações, estas prestadas sem maiores análises do direito.

É o caso em que a autoridade não tem condições de por si bem defender o ato quanto ao direito, mas não recorre à representação judicial da pessoa jurídica para o preparo de uma boa defesa técnica, apresentando informações pobres e a pessoa jurídica, por sua vez, vem ao processo com uma defesa técnica mais bem elaborada.

No mais das vezes, assim é porque esta é a praxe em determinado órgão ou pessoa jurídica, não porque efetivamente haja desídia da autoridade. É que dela simplesmente não se exigiu que fizesse o contrário, deixando a defesa para a procuradoria, que a apresenta em nome do ente, ao invés de fazê-lo em conjunto com a autoridade e em nome da qualificação funcional desta.

A praxe forense desvirtua a simplificação do procedimento.

Não obstante, a prática pode ser enquadrada na regularidade processual, considerando a pessoa jurídica como assistente, que, a despeito da substituição processual, vem ao processo defender direito seu a não se sujeitar aos ônus da segurança.

Ainda que haja substituição processual, o substituto tem a faculdade de ir ao processo. O que não há é obrigatoriedade.

Nesse sentido é a lição de Freddie Didie Jr. e Hermes Zaneti Jr., acerca da assistência do particular em ação coletiva na defesa de interesses individuais homogêneos, que entendemos aplicável ao caso, *mutatis mutandis*:

> Como o objeto litigioso lhe diz respeito, pelo menos em tese é a expressão coletiva de um feixe de direitos individuais que considera inclusive o direito do indivíduo requerente, o particular tem todo o interesse jurídico em intervir na demanda.[261]

A Lei nº 12.016/09, em seu art. 7º, II, incorporou ao direito positivo esta prática, determinando a cientificação da pessoa jurídica para que, querendo, integre a lide.

Assim sendo, pode ocorrer de a autoridade manifestar-se contrariamente à pessoa jurídica, dissentindo da tese jurídica adotada por esta para casos afins.

Se a autoridade defende sua posição funcional e, também, a pessoa jurídica, tem o dever de adotar a posição jurídica institucional, por isso a lei estabelece que a procuradoria auxilie a defesa. Assim, esta contradição, que decorre do desencontro entre a autoridade e a representação judicial, é efetiva desídia da autoridade, que não pode prejudicar a substituída, nem faltar com seu dever funcional de defender o ato conforme a posição jurídica institucional.

Assim, em tal hipótese, é legítima a intervenção da pessoa jurídica como assistente em posição diversa daquela da autoridade, caso em que o juiz deve apurar as alegações de todas as partes ao decidir, com preferência às teses da pessoa jurídica, eis que em conformidade com a posição da instituição e elaboradas por profissionais com habilitação técnico-jurídica.

Não concordamos, contudo, com a possibilidade de a pessoa jurídica vir a juízo contrariar alegações de fato da autoridade.

Ora, uma das razões para toda esta configuração histórica, constitucional e legal das informações da autoridade é sua proximidade direta com os fatos. Não se concebe, portanto, que a autoridade conheça menos das situações em concreto sob sua alçada que a representação judicial da pessoa jurídica.

Dessa forma, inequívoco que pessoa jurídica pode ser assistente.

Já litisconsórcio passivo facultativo, em que o impetrante coloca a pessoa jurídica no polo, entendemos incabível, por falta de interesse processual.

---

[261] DIDIER JR., Fredie; ZANETI JR., Hermes. *Curso de direito processual civil*. 3. ed. Salvador: JusPodivm, 2008. p. 260. (Processo coletivo, v. 4).

Quer o impetrante o alcance da coisa julgada sobre a pessoa jurídica, fato já inerente ao sistema, que se compõe com a substituição processual, sendo inútil a ele tal litisconsórcio.

Ressalte-se que quando a Lei nº 12.016/09 determina que se indique "além da autoridade coatora, a pessoa jurídica que esta integra, à qual se acha vinculada ou da qual exerce atribuições", nos termos do art. 6º, não está obrigando a integração da pessoa jurídica como parte *ab initio*. Esta indicação tem o propósito de viabilizar a aplicação do art. 7º, II, com a cientificação do ente correto, que integrará a lide se quiser. Note-se que o referido dispositivo fala em dar ciência do feito, para que a pessoa jurídica, querendo, nele ingresse, não em citação para se defender.

No mais, concordamos inteiramente com Hely Lopes Meirelles.

Outro ponto a comentar é o argumento de Othon Sidou acerca do alcance dos ônus do processo sobre a pessoa jurídica, pautado no art. 37, §6º, da Constituição.

Já vimos que este alcance é muito bem justificado, quer em razão da relação secundária em que se encontra a pessoa jurídica ser afetada pela relação primária da autoridade, quer em razão da substituição processual.

Ocorre, porém, que, a nosso ver, este argumento não serve aos fins pretendidos, porque, como já repetido, a responsabilidade regressiva do agente por ato coator é exceção, pressupondo que este seja praticado com dolo ou culpa, em falta disciplinar e, ademais, se resolve em outra esfera que não a do *writ*. Logo, tal exceção não serve a justificar a regra.

No mais, quanto a esta corrente não resta nada a dizer, pois tudo acerca dela já foi debatido nas críticas às correntes anteriores.

4.2.5 Nossa posição

Analisadas todas as correntes, resta-nos sintetizar nossa posição, a partir de tudo quanto exposto acima.

Com respaldo na Constituição, na evolução histórica do mandado de segurança e no atual regime legal, entendemos que:

- O sujeito passivo do mandado de segurança, podendo também recorrer, é a autoridade coatora, não com sua personalidade física, mas sim em sua posição funcional, como sujeito de direito despersonalizado, titular das prerrogativas e deveres inerentes ao ato coator e tem interesse direto na defesa de sua posição funcional;

- A autoridade coatora era destacada nos institutos do direito comparado que serviram de influência ao mandado de segurança, foi realçada nos regimes constitucionais brasileiros anteriores e o é no presente, em seus arts. 5º, LXIX, 102, I, "d", 105, I, "b", 108, "c", 109, VIII, 114, IV, sendo também sempre importante nos regimes legais, em detrimento do menor destaque dado à pessoa jurídica. Esta importância da autoridade sobre a pessoa jurídica só pode alçá-la à mais importante posição na relação jurídica processual do mandado de segurança, a de parte. Do tratamento especial dado pelo direito positivo à autoridade no mandado de segurança, neste âmbito ela deve ser considerada uma singularidade, separada da pessoa jurídica. Esta configuração é essencial à máxima efetividade da garantia constitucional do mandado de segurança, assegurando suas peculiares celeridade, sumariedade e satisfatividade imediata da sentença mandamental;
- Desta posição de parte em destaque da pessoa jurídica, que se extrai da natureza do instituto, decorre a capacidade de ser parte da autoridade coatora em sua posição funcional, bem como sua qualificação como sujeito de direito despersonalizado titular apenas dos direitos (prerrogativas) e deveres inerentes ao ato coator, com interesse próprio na defesa de sua atuação funcional e manutenção de seu ato;
- A autoridade é parte, mas em sua posição funcional, com as prerrogativas e deveres inerentes ao ato coator, não em sua personalidade física, com os direitos e deveres que dela decorrem. Tais direitos e deveres não interessam à relação jurídica objeto da segurança, cuja satisfação depende do exercício da função, não de patrimônio jurídico a ela estranho, não sendo uma ação de responsabilidade por ilícito. Ademais, do ato sujeito à segurança, em regra, não há como se extrair qualquer responsabilidade da personalidade física, já que praticado, no mais das vezes, no regular exercício da função, sem falta funcional dolosa ou culposa. Ainda quando o ato seja, excepcionalmente, praticado com dolo ou culpa, a responsabilização é estranha ao objeto do mandado de segurança e se dá em regresso, na forma do art. 37, §6º, da Constituição, em relação entre a pessoa jurídica e a pessoa física da autoridade, desta não participando o impetrante;
- No mandado de segurança temos duas relações jurídicas, uma primária, entre impetrante e autoridade, que se destaca

da relação secundária, entre impetrante e pessoa jurídica. Esta relação secundária, contudo, nem sempre está presente, podendo não haver ônus à pessoa jurídica em decorrência da segurança, como ocorre nos mandados de segurança contra ato judicial;

- Quando a relação jurídica secundária é afetada pela segurança, é interesse do impetrante, para máxima efetividade da tutela jurisdicional que pleiteia, que estes ônus sobre a pessoa jurídica sejam afetados pela coisa julgada. Este amplo efeito, alcançando primariamente a autoridade e secundariamente a pessoa jurídica, ambas com força de coisa julgada, sempre esteve presente no mandado de segurança, sendo incorporado à sua configuração fundamental. Por essa razão, a autoridade coatora realiza sozinha a defesa das duas relações jurídicas, como substituta processual da pessoa jurídica, além de parte na defesa de sua própria relação;

- Até o regime da Lei nº 1.533/51, havia litisconsórcio entre a pessoa jurídica, pautada na relação secundária, protegendo-se contra os ônus da segurança, e a autoridade, pautada na relação primária, protegendo sua função no que pertine ao ato, regime do qual decorria a impertinente duplicidade de defesas do ato, com os mesmos argumentos. A solucionar esta questão, atribuindo maior celeridade ao rito, a Lei nº 1.533/51 suprimiu a sujeição processual da pessoa jurídica, que, para que se mantenha sua submissão à coisa julgada, sustentando ao mandado de segurança os mesmos efeitos da legislação anterior, passou a ser substituída processual da autoridade;

- O art. 3º da Lei nº 4.348/64, quer na sua redação original, quer na dada pela Lei nº 10.910/04, bem como o art. 9º da Lei nº 12.016/09, que ora dispõe sobre o tema, não indicam intimação da pessoa jurídica para compor o polo passivo da lide nem chamam a representação judicial ao processo para defesa desta, mas sim prescrevem intimação da representação judicial para auxílio técnico à autoridade, na defesa do ato;

- Embora não seja parte nem chamado ao processo, a pessoa jurídica é substituída processual e terceira interessada, razão pela qual pode comparecer, facultativamente, como assistente litisconsorcial, bem como interpor recursos. Nessa esteira, o art. 7º, II, da Lei nº 10.016/09 determina que se dê ciência ao ente, para que, querendo, integre a lide;

- São admitidas teses jurídicas divergentes entre a autoridade e a pessoa jurídica, embora a ocorrência indique desídia daquela, que em sua posição funcional tem o dever de observar as teses jurídicas da pessoa jurídica. Neste caso, predominam as alegações da pessoa jurídica, eis que em conformidade com a posição institucional e elaboradas por profissionais juridicamente habilitados;
- Não são admitidas configurações de fatos divergentes entre a autoridade e a pessoa jurídica, pois se pressupõe que aquela tem contato direto e pleno com os fatos objeto da ação, sendo dela a versão mais digna de crédito;
- A sentença do mandado de segurança é mandamental e tem como efeitos ordem direta à autoridade para cumprimento *in natura*. Os efeitos que eventualmente atingem a pessoa jurídica são reflexos;
- Em caso de descumprimento da ordem pela autoridade, as medidas cominatórias e sancionatórias recaem diretamente sobre a personalidade física da autoridade, visto que, nesta hipótese, a posição funcional não é suficiente à efetividade da sentença, além do que a autoridade, ao desobedecer à ordem, se despe de tal posição. A relação jurídica que se instaura é diretamente entre o impetrante e a personalidade física daquele que ocupa a posição de autoridade no momento do descumprimento, para que esta volte a se adequar à posição funcional e cumpra a decisão. Esta relação que decorre do descumprimento não se confunde com a relação entre o particular e a pessoa jurídica para reparação de danos causados por seus agentes, nem com aquela entre esta e a personalidade física da autoridade, que tem por objeto a reparação de danos em regresso;
- A colocação da autoridade como parte e substituta processual influi em diversas outras questões, tais como: a natureza das informações e a defesa no processo; importância da correta indicação da autoridade e consequências do erro: competência funcional absoluta; celeridade na defesa e no rito; celeridade e efetividade no cumprimento da decisão judicial.

Posto que a autoridade coatora é a parte passiva no mandado de segurança, passemos a dela tratar.

4.3 Conceito e considerações gerais sobre autoridade coatora

Já vimos o que se pode entender por ato coator. Autoridade coatora será, assim, aquela responsável por tal ato, que detenha competência sobre ele, para corrigi-lo, sustá-lo, praticá-lo ou abster-se de fazê-lo, quem quer que seja, "autoridade pública ou agente de pessoa jurídica no exercício de atribuições do Poder Público", "os administradores ou representantes das entidades' autárquicas e das pessoas naturais ou jurídicas com funções delegadas do poder público, somente no que entende com essas funções".

Ademais, visto que os atos de quaisquer Poderes da República podem ser qualificados como "ato coator" para fins de mandado de segurança, os agentes de quaisquer destes Poderes podem ser "autoridade coatora".

Podem, assim, assumir a posição de coator, na lição de Lúcia Valle Figueiredo, "todos aqueles que estão em atividade pública e que têm, por isso mesmo, condições de constranger, porque a Administração Pública detém o chamado poder extroverso".[262]

Ressalta Hely Lopes Meirelles que não se pode confundir a autoridade com o superior que recomenda o ato ou baixa normas para sua execução, tampouco com o mero executor material.[263]

Acerca da distinção entre a autoridade e o executor assim leciona:

> Coator é a autoridade superior que pratica ou ordena concreta e especificamente a execução ou inexecução do ato impugnado e responde pelas suas conseqüências administrativas; executor é o agente subordinado que cumpre a ordem por dever hierárquico, sem se responsabilizar por ela. Exemplificando: numa imposição fiscal ilegal, atacável por mandado de segurança, o coator não é nem o Ministro ou o Secretário da Fazenda que expede instruções para a arrecadação de tributos, nem o funcionário subalterno que cientifica o contribuinte da exigência tributária; o coator é o chefe do serviço que arrecada o tributo e impõe as sanções fiscais respectivas, usando do seu poder de decisão.[264]

A palavra-chave é "competência para decidir", decisão aí entendida como a competência sobre a prática jurídica do ato, em contraposição à competência para sua mera prática material. Difere-se

---

[262] FIGUEIREDO, *op. cit.*, p. 57-58.
[263] MEIRELLES, 2003, p. 59.
[264] *Idem*, p. 59.

aqui aquele que pratica o ato daquele que meramente o executa. Será autoridade coatora aquele com competência para decidir acerca do ato, não o mero executor que sobre este não tenha controle.[265] A distinção é relevante e se evidencia com clareza na análise da delegação dos atos de polícia. Os atos desta natureza não são delegáveis a particulares. De outro lado, sua execução material pode ser a eles delegada, ou até mesmo realizada por máquinas.[266] Entender em sentido contrário, considerando os executores como sendo as autoridades, levaria à conclusão de que em atos executados por máquinas não existe coator, inviabilizando a via mandamental. O absurdo da conclusão evidencia o da premissa.

Estar a autoridade no exercício de atividade vinculada não a exime de responder pelo mandado de segurança, não significa que não tenha competência para decidir sobre o ato. Competência e vinculação não são excludentes.

Nesse sentido destaca-se a lição de Lúcia Valle Figueiredo:

> Ora, diante de atividade vinculada tem a autoridade dever de praticar a ação, mas não é porque tenha dever de praticar a ação que deixa de ser instrumento da ação. Se é o instrumento da ação, se pratica o ato administrativo que se pretende afastar, exatamente o ato administrativo praticado ou em vias de ser emanado, ato, esse, passível de constranger alguém indevidamente, é autoridade coatora.[267]

Sergio Ferraz é da mesma posição. Diz, citando Hely Lopes Meirelles, que autoridade é aquele que tem poderes e meios para praticar o ato e conclui:

> Note-se: poderes (e, pois, competência — o que poderia fazer supor, equivocadamente porém, a inaplicação da fórmula quando em jogo atuação vinculada) e meios (isto é, instrumental fático-jurídico para desfazimento do ato, em razão de ordem judicial — o que, de imediato, afasta a pertinência de se trazer à discussão, aqui, a velha distinção entre competência discricionária e vinculada; discussão inútil no caso de mandado de segurança).[268]

---

[265] Em sentido contrário, admitindo que tanto o executor quanto o superior devem ser coatores, posiciona-se Sergio Ferraz (*op. cit.*, p. 103-104).

[266] BANDEIRA DE MELLO, 2006, p. 797-799.

[267] FIGUEIREDO, *op. cit.*, p. 59.

[268] FERRAZ *apud* MEIRELLES, *op. cit.*, p. 103.

Com efeito, embora tenha a autoridade o dever funcional de praticar o ato vinculado, sem qualquer opção de escolha, seja ele ilegal ou não, a sujeição ao mandado de segurança da autoridade competente para a prática do ato vinculado é imperativa, sob pena de se excluir os atos vinculados do âmbito de proteção deste remédio constitucional, já que os atos que impõem a vinculação são normativos e, como visto, não sujeitos a controle jurisdicional pela via difusa.

Pouco importa a ausência de competência discricionária, pois, como dissemos, "decisão" aí não é termo utilizado em sentido estrito, mas apenas para diferenciar o efetivo praticante do ato, aquele que tem competência acerca dele, do mero executor material.

Adilson Dallari resolve a questão por outro viés, dizendo que esta não é de competência, mas de eficácia:

> Em princípio a lei determina aquela conduta, a lei confere àquela autoridade a competência específica para praticar aquele ato e não outro, a lei dá a essa autoridade competência para fazer outra coisa. Portanto, em princípio, essa autoridade seria incompetente para cumprir a segurança concedida. Mas não é o que ocorre, pois a competência para corrigir a ilegalidade impugnada emana, a meu ver, não da lei, mas do ato judicial, da decisão no mandado de segurança. Quem dá competência à autoridade para corrigir o ato é o juiz, no momento em que ele ordena a correção ele confere competência para corrigir, senão a ordem seria inócua. Eu vejo aqui, portanto, mais uma questão de eficácia, a autoridade coatora não é exatamente aquela que tem competência para corrigir o ato, mas aquela que dispõe de uma forma eficaz de cumprir a prestação jurisdicional reclamada pelo impetrante. Vejo uma questão, portanto, de eficácia, não de competência, já que a competência seria de alguma forma suprida pelo mandamento judicial, cuja força deriva da própria Constituição.[269]

Ousamos, com o máximo respeito, discordar do ilustre mestre.

Entendemos que a questão se resolve pela *competência sobre o ato no momento da impetração*, vale dizer, aquele que no momento da formação da relação processual tiver poderes e responsabilidade para praticar o ato será o sujeito do mandado de segurança.

Se detém competência sobre o ato, possui também competência para corrigi-lo e desfazê-lo mediante ordem judicial, ainda que a estrutura interna atribua o controle interno a outro órgão. A competência para desfazer o ato, se ilegal ou abusivo, é implícita na competência para

---

[269] DALLARI, *op. cit.*, p. 44.

fazer, está no âmbito da *autotutela*, que é exercida não só pela autoridade superior, como também por aquela que pratica o ato, como se depreende do art. 56 da Lei do Processo Administrativo Federal, que prevê expressamente a possibilidade de reconsideração por aquele competente para a prática do ato.

O que Adilson Dallari chama de "forma eficaz de cumprir" é também competência. Da competência sobre o ato decorre, implicitamente, a competência para eficazmente cumprir as ordens judiciais acerca do ato e desfazê-lo se ilegal, ainda que esta ilegalidade seja firmada em pronunciamento judicial.

Não é possível que o juiz atribua competência a quem não a tem. Não pode o juiz agir como legislador positivo ou administrador público, dispondo em sentença sobre competência de forma inovadora. Assim proceder seria flagrantemente contrário à separação dos poderes.

Ademais, se pudesse o juiz atribuir competência a quem não a tem, seria de pouca valia saber quem é a autoridade coatora, não teria sentido que a Constituição e a lei lhe tivessem atribuído tamanha importância, se o juiz pudesse conferir eficácia plena a sua sentença contra qualquer um que pudesse eficazmente, mesmo sem competência administrativa, cumprir materialmente o mandamento.

Deixamos claro, uma vez mais, que não será parte passiva necessariamente a mesma autoridade que praticou a ação ou omissão coatora, mas sim aquela que tenha competência para fazê-lo no momento da impetração, a despeito do que diz o art. 6º, §3º, da Lei nº 12.016/09.

É que pode ocorrer de a autoridade que praticou o ato não ter mais competência para tanto, nem oportunidade. Neste caso, sua posição funcional deixa de ter qualquer relação com o ato coator, sendo ela assumida por outra autoridade que, a despeito de não ter praticado o ato, sucede funcionalmente a anterior, no dever de defender o ato e, se for o caso, cumprir as determinações da segurança.

Outra questão é salientada por Lúcia Valle Figueiredo. Destaca a professora que a competência administrativa a ser observada é aquela atribuída de forma geral e abstrata, não se admitindo, ainda que por lei, ou ato com a mesma força, estabelecer outra *ad hoc*, deslocando-a da autoridade estabelecida abstratamente. Cita como exemplo o caso do empréstimo-calamidade, em que se deslocou competência administrativa das autoridades pertinentes ao Ministro de Estado, a fim de obstar o ajuizamento dos mandados de segurança, dado o consequente deslocamento da competência jurisdicional para Brasília.[270]

---

[270] FIGUEIREDO, *op. cit.*, p. 60-61.

Vejamos com mais vagar o trato da importante questão pela eminente doutrinadora:

> Uma outra argumentação que tinha que ser contornada, e que houve na época, era a seguinte: quem pode o mais pode o menos. Como é possível se estipular a competência, seria possível mudar a competência. Então o Presidente da República poderia por decreto-lei, mudar a competência. Ora, alterar a competência "ad hoc", somente para um tipo de relação jurídica, seria um verdadeiro desvio de poder. Se normalmente a Secretaria da Receita Federal, desde o Ministério, se desconcentra por meio das repartições nos Estados e ali é fixado o domicílio do contribuinte, não teria cabimento que, para um determinado tipo de tributo, fosse deslocada a autoridade, inclusive porque, por via transversa, se vulneraria o mandamento constitucional, que é a amplitude do Mandado de Segurança. A dicção do texto constitucional é bastante ampla para não permitir engodos desse tipo e desta ordem.[271]

Concordamos inteiramente, desde que, no caso concreto, o deslocamento de competência configure efetivamente um desvio de poder:

> Ocorre desvio de poder e, portanto, invalidade, quando o agente se serve de um ato para satisfazer finalidade alheia à natureza do ato utilizado.
>
> Há, em conseqüência, um mau uso da competência que o agente possui para praticar atos administrativos, traduzido na busca de uma finalidade que simplesmente não pode ser buscada ou, quando possa, não pode sê-lo através do ato utilizado.
>
> (...)
>
> Sucintamente, mas de modo preciso, pode-se dizer que ocorre desvio de poder quando um agente exerce uma competência que possuía (em abstrato) para alcançar uma finalidade diversa daquela em função da qual lhe foi atribuída a competência exercida.
>
> (...)
>
> Tanto pode existir desvio de poder em ato administrativo quanto em ato legislativo ou jurisdicional.
>
> Assim como o ato administrativo está assujeitado à lei, às finalidades nela prestigiadas, a lei está assujeitada à Constituição, aos desideratos ali consagrados e aos valores encarecidos neste plano superior.
>
> Demais disto, assim como um ato administrativo não pode buscar escopo distinto do que seja específico à específica norma legal que lhe

---

[271] FIGUEIREDO, Lúcia Valle. Autoridade coatora e sujeito passivo. *In*: FERRAZ, Sergio (Org.). *Cinqüenta anos de mandado de segurança*. Porto Alegre: S. A. Fabris, 1986. p. 23.

sirva de arrimo, também não pode a lei buscar objetivo diverso do que seja inerente ao específico dispositivo constitucional a que esteja atrelada a disposição legiferante expedida. Ou seja, se a Constituição habilita legislar em vista de dado escopo, a lei não pode ser produzida com a traição a ele.

É certamente verdadeiro que o desvio de poder poderá muito mais frequentemente encontrar espaço para irromper em atos administrativos do que em leis. A razão disto demora em que a margem de discrição dos primeiros em relação à lei será (de regra, ao menos) muito menor do que a margem de discrição da lei em relação à Constituição. Sem embargo, isto não interfere com o reconhecimento de que em ambas as hipóteses a compostura do vício é a mesma: consiste sempre no desencontro da providência tomada com a norma superior a que deve obséquio; a saber: no primeiro caso, à lei, e, no segundo, à Constituição.[272]

No caso em exame o desvio de poder encontra-se no decreto-lei que realizou o deslocamento de competência administrativa, para, ao invés de atender aos fins de eficiência que norteiam a desconcentração, dificultar o acesso à justiça pela via do mandado de segurança.

Note-se que o ilícito ocorre no ato de deslocamento de competência do agente que pratica o coator, não afetando o ato em si. Não é, portanto, mérito do mandado de segurança, mas sim questão prejudicial processual, atinente à legitimidade passiva.

A rigor, o que se deve fazer em casos tais é eliminar a simulação do ato de distribuição de competência. Desconsidera-se a autoridade coatora simulada, para alcançar a dissimulada, vale dizer, o agente efetivamente competente, consideradas as disposições constitucionais e legais, gerais e abstratas, acerca do ato coator.

Com efeito, o agente simulado sequer teria condições de bem defender o ato, de prestar informações de forma adequada, por não ter contato direto com ele, praticado, de fato, pela autoridade desconcentrada. Sequer teria condições de bem e de forma mais célere possível cumprir a decisão concessiva de segurança, porque o ato estaria sob competência administrativa efetiva da autoridade dissimulada.

Dito isso, com arrimo na percepção de Lúcia Valle Figueiredo, nos parece evidente que há fraude à garantia constitucional do mandado de segurança quando há desvio de poder na atribuição de competência administrativa.

---

[272] BANDEIRA DE MELLO, 2006, p. 386-387, 935.

Outra hipótese é a do ato praticado por autoridade incompetente. Para Maria Sylvia Zanella Di Pietro, se o ato foi praticado por determinada autoridade, "ainda que incompetente, contra ela cabe a impetração, já que é a responsável pela ilegalidade, cabendo-lhe a obrigação de desfazer o ato se o mandado for concedido".[273]

Se o ato é praticado por autoridade incompetente, esta incompetência por si só é causa de concessão da segurança, configurado vício em um dos elementos ou pressupostos do ato, que, embora convalidável em tese, não pode ser sanado após impugnação do interessado, que se dá via impetração.[274]

Disso decorre uma dúvida: ainda nesta hipótese a impetração é cabível em face da autoridade com competência administrativa, esta sim com posição funcional relativa ao ato discutido, e não contra o incompetente que praticou o ato?

Primeiramente, é preciso apurar de que hipótese de incompetência se trata. Na lição de Maria Sylvia Zanella Di Pietro, a incompetência pode ser de três ordens: usurpação de função, excesso de poder e função "de fato".

> A usurpação de função é crime definido no artigo 328 do CP: "usurpar o exercício da função pública". Ocorre quando a pessoa que pratica o ato não foi por qualquer modo investido no cargo, emprego ou função; ela se apossa, por conta própria, do exercício de atribuições próprias de agente público, sem ter essa qualidade.
>
> O excesso de poder ocorrer quando o agente público excede os limites de sua competência; por exemplo, quando a autoridade, competente para aplicar a pena de suspensão, impõe penalidade mais gravem que não é de sua atribuição; ou quando a autoridade policial se excede no uso da força para praticar ato de sua competência.
>
> Constitui, juntamente com o desvio de poder, que é vício quanto à finalidade, uma das espécies de abuso de poder. Este pode ser definido, em sentido amplo, como o vício do ato administrativo que ocorre quando o agente público exorbita de suas atribuições (excesso de poder), ou pratica ato com finalidade diversa da que decorre implícita ou explicitamente da lei (desvio de poder).
>
> (...)

---

[273] DI PIETRO, 2002, p. 638.

[274] "A Administração não pode convalidar um ato viciado se esta já foi impugnado, administrativa ou judicialmente. Se pudesse faze-lo, seria inútil a argüição do vício, pois a extinção dos efeitos ilegítimos dependeria da vontade da Administração, e não do dever de obediência à ordem jurídica. Há, entretanto, uma exceção. É o caso da 'motivação' do ato vinculado expedida tardiamente, após a impugnação do ato" (BANDEIRA DE MELLO, 2006, p. 451).

A função de fato corre quando a pessoa que pratica o ato está irregularmente investida no cargo, emprego ou função, mas a sua situação tem toda aparência de legalidade. Exemplos: falta de requisito legal para investidura, como certificado de sanidade vencido; inexistência de formação universitária para a função que a exige, idade inferior ao mínimo legal; o mesmo ocorre quando o servidor está suspenso do cargo, ou exerce funções depois de vencido o prazo de sua contratação, ou continua em exercício após a idade-limite para aposentadoria compulsória.

Ao contrário do ato praticado por usurpador de função, que a maioria dos autores considera como inexistente, o ato praticado por funcionário de fato é considerado válido, precisamente pela aparência de legalidade de que se reveste; cuida-se de proteger a boa-fé do administrado.[275]

Se for caso de usurpação de função, o agente jamais ocupou posição funcional, jamais teve autoridade, o ato é inexistente.[276] Logo, a rigor, não há ato coator de autoridade, não cabendo mandado de segurança, mas sim ação pelos ritos ordinários para responsabilização civil e penal da pessoa que praticou o delito.

A hipótese aqui vislumbrada é aquela em que os entes públicos e seus agentes não reconhecem a existência do ato e não exigem sua observância, já que praticado por pessoa estranha a seus quadros.

Situação diversa é aquela em que autoridade venha a exigir o cumprimento do ato criminoso, hipótese em que se terá desvio de poder, cabível a impetração não contra quem praticou o ato em usurpação, mas sim contra a autoridade que pretende seja ele observado ou que dele extraia efeitos jurídicos. Da mesma forma, o objeto da lide não será o ato usurpado, mas o do agente que o trata como se existente fosse.

No caso de desvio de poder, o agente se encontra regularmente no exercício da posição funcional, mas a exerce ilegitimamente.

---

[275] DI PIETRO, Maria Sylvia Zanella. *Direito administrativo*. 21. ed. São Paulo: Atlas, 2008. p. 225-226.

[276] "Aceitamos que há atos nulos e anuláveis, acompanhando nisto a Oswaldo Aranha Bandeira de Mello, cujas lições, aliás, permeiam visivelmente todo o exame a que se procedeu dos atos administrativos. 'Entretanto, parece-nos que há, além deles, uma categoria de atos viciados cuja gravidade é de tal ordem que, ao contrário dos atos nulos ou anuláveis, jamais prescrevem e jamais podem ser objeto de 'conversão'. Além disto, existe direito de resistência contra eles. São os que denominares com expressão rebarbativa (reconheça-se) 'atos inexistentes'. Consistem em comportamentos que correspondem a condutas criminosas ofensivas a direitos fundamentais da pessoa humana, ligados à sua personalidade ou dignidade intrínseca e, como tais, resguardados por princípios gerais de Direito que informam o ordenamento jurídico dos povos civilizados" (BANDEIRA DE MELLO, 2006, p. 446).

Se titulariza a posição funcional, exerce competência administrativa, o que é suficiente para que tenha competência para corrigir seus próprios atos quando dotados de ilegalidade ou abuso de poder, no exercício da autotutela, de ofício, mediante recurso administrativo, recebido como pedido de reconsideração, ou mediante determinação judicial.

Assim, ainda que o ato coator não esteja no âmbito de sua competência, mas seja compatível com a competência de outro órgão, e respectivo agente, a parte no mandado de segurança será aquele que se valeu irregularmente de sua competência para praticar o ato e tem o dever de corrigi-lo, não aquele efetivamente competente, que nada teve a ver com o ocorrido.

Aquele que é incompetente para praticar o ato não o é para anulá-lo no exercício da autotutela. Assim, há incompetência a macular o ato, mas não a comprometer a eficácia da sentença mandamental.

Já se o caso é de funcionário de fato, o agente ocupa a posição funcional, mas irregularmente. No entanto, em atenção à boa-fé e ao interesse público, o ato é considerado válido. Dessa forma, neste caso a ação será improcedente, não havendo que se perquirir competência para atender a eventual segurança.

Ante todo o exposto, é possível constatar que a autoridade coatora se define sempre pela competência administrativa acerca do ato coator, qualquer que seja a espécie de ato.

Assim, passemos a uma análise mais atenta do instituto da competência e sua influência sobre a sujeição passiva do mandado de segurança.

4.4 Competência administrativa e autoridade coatora

Como se sabe, a Administração Pública direta estrutura-se em órgãos, plexos de atribuições, que têm cada qual sua parcela de *competência administrativa* bem delimitada, fora ou além da qual não pode atuar o agente que os representa, *sob pena de ilegalidade ou abuso de poder*. Assim, na lição de Celso Antônio Bandeira de Mello:

> A competência pode ser conceituada como o círculo compreensivo de um plexo de deveres públicos a serem satisfeitos mediante o exercício de correlatos e demarcados poderes instrumentais, legalmente conferidos para a satisfação de interesses públicos.
> (...)
> Logo, a compostura do "poder" manejável ficará iniludivelmente delimitada pelo que seja deveras requerido para atendimento do interesse

público que o justifica. Donde, em cada caso, coincidirá ontologicamente com o suficiente e indispensável para dar cumprimento ao dever de bem suprir o interesse em vista do qual foi conferida a competência. Todo excesso, toda demasia, não aproveitam a ninguém e acarretariam um desnecessário e incompreensível agravamento ou limitação da esfera de liberdade dos cidadãos e das pessoas jurídicas, o que, evidentemente, sobre ilógico, ante a própria índole das competências, seria inaceitável no Estado de Direito, cujo projeto é de contenção do poder, e não o de liberação dele. Assim, o plus no uso da competência, seja em extensão, seja em intensidade, acaso ocorrido significará, em última instância, um extravasamento dela, um desbordamento, uma ultrapassagem de seus limites naturais, ensejando fulminação tanto pela autoridade administrativa superior, de ofício ou sob provocação, quanto pelo Judiciário, a instâncias da parte titulada para insurgir-se.[277]

Como se vê, não pode o agente extravasar os limites do dever-poder relativos a seu órgão de atuação.

Além disso, como não poderia deixar de ser, sob pena de burla aos limites estabelecidos, as competências são *irrenunciáveis*,[278] *intransferíveis*,[279] e *imodificáveis*.[280]

E estes limites são hierárquico, material, territorial, e temporal, todos eles relevantes.

García de Enterría e Tomás-Ramón Fernández tratam dos limites territorial, material — no qual se insere o hierárquico — e temporal:

> La competencia se construye ratione materiae (y dentro de ella según grados), ratione loci y ratione temporis. Por razón de la materia se define en favor de un órgano un tipo de asuntos caracterizados por su objeto y contenido; por ejemplo, la atribución de asuntos a los distintos Ministerios, o, dentro de cada uno de éstos, a las distintas Direcciones Generales, etcétera; hay una materia generalmente atribuida a un ente descentralizado compuesto de órganos diversos o a un complejo de

---

[277] BANDEIRA DE MELLO, Celso Antônio. *Curso de direito administrativo*. 25. ed. São Paulo: Malheiros, 2008. p. 144-145.

[278] "Significando isto que seu titular não pode abrir mão delas enquanto as titularizar" (*Idem*, p. 145).

[279] "Vale dizer, não podem ser objeto de transferência de tal sorte que descaberia repassá-las a outrem, cabendo, tão-somente, nos casos previstos em lei, delegação de seu exercício, sem que o delegante, portanto, perca, com isto, a possibilidade de retomar-lhes o exercício, retirando-o do delegado" (*Idem*, p. 145).

[280] "Pela vontade do próprio titular, o qual, pois, não pode dilatá-las ou restringi-las, pois sua compostura é a que decorre de lei. A lei pode, contudo, admitir hipóteses de avocação. Esta é a episódica absorção, pelo superior, de parte da competência de um subordinado, ainda assim restrita a determinada matéria e somente nos casos previstos em lei" (*Idem*, p. 145-146).

órganos jerárquicamente ligados entre si en el seno de un mismo ente, precisándose luego para definir la competencia de cada uno de esa pluralidad de órganos una subdistinción de materias por su contenido o por su grado, incluso por su cuantía. (...) Por razón del lugar, los órganos tienen una competencia territorial determinada, que puede ser nacional (por ejemplo, el Ministro, el Director General) o local, referida ésta a una circunscripción concreta (regional, provincial, comarcal, municipal, de barrio), dentro de la cual únicamente pueden ejercer válidamente su competencia material.

Finalmente, la competencia puede limitarse por razón del tiempo, bien en términos absolutos (por ejemplo, disponibilidad sobre los créditos presupuestarios, que solo es posible durante el ejercicio a que el Presupuesto se refiere, art. 62 LGP; potestades habilitadas por legislación temporalmente limitadas, como Planes de Desarrollo, etc.), bien relativos (por ejemplo: art. 27 LS 76, una suspensión de licencias de parcelación, edificación o demolición puede acordarse en zonas determinadas y por el plazo de un año, prorrogable — en determinadas circunstancias — por otro año más; extinguidos los efectos de la suspensión no podrán acordarse nuevas suspensiones en el plazo de cinco años por idéntica finalidad); ha de tenerse en cuenta que normalmente el señalamiento de un plazo para resolver no implica de manera necesaria, salvo que otra cosa resulte del precepto, la definición de una competencia en tiempo circunscrito (artículo 63.3 LPC).[281]

É evidente que todos estes critérios de competência devem ser levados em conta, tanto na apuração da validade do ato quanto na determinação da autoridade coatora. A violação de qualquer deles implica nulidade.

Nesse sentido, continuam a tratar os citados doutrinadores argentinos:

Según lo expuesto, en un órgano deben confluir todos los criterios de competencia (material, territorial, temporal) para que, en ejercicio de la misma, pueda dictar válidamente el acto administrativo que dicha competencia autorice. Veremos que cuando non se observan tales criterios se incurre en un vicio legal, que afecta a la validez de lacto (el vicio de incompetencia).[282]

Quanto ao limite temporal, entendemos não ser pertinente à definição da autoridade coatora, pois diz respeito estritamente ao exaurimento da competência para a prática do ato na omissão da autoridade, não a seu controle quando o ato já foi praticado.

---

[281] GARCÍA DE ENTERRÍA; FERNÁNDEZ, *op. cit.*, p. 555-556.
[282] GARCÍA DE ENTERRÍA; FERNÁNDEZ, *op. cit.*, p. 555-556.

Vejamos cada um dos demais limites separadamente.

4.4.1 Limite hierárquico, avocação, delegação, revisão e encampação

Agustín Gordillo trata separadamente da nulidade decorrente de cada um dos critérios. No âmbito hierárquico, assim leciona:

> La competencia en razón del grado se refiere a la posición que ocupa un órgano dentro de la ordenación jerárquica de la administración y, puesto que la competencia es en principio improrrogable, no puede el órgano inferior tomar la decisión que corresponde al superior y viceversa, salvo los casos de admisibilidad de la avocación y delegación. Si a pesar de todo lo hace, el vicio es por regla subsanable, en razón de existir jerarquía entre los órganos. Si tal relación jerárquica no existe, la nulidad es insanable. Esto último es claro si un Secretario de Educación toma una decisión de competencia de una universidad. Está en cambio en penumbra si un Secretario de Energía puede validamente tomar una decisión de competencia de un ente regulador: ENRE e ENARGAS.[283]

Disso depreende-se que a rigidez dos limites de competência apresenta exceção quando se está no âmbito hierárquico, nos casos de delegação e avocação legalmente admitidos, bem como nos de revisão dos atos dos subordinados. Com efeito, da hierarquia administrativa decorrem, dentre outros, os poderes de revisão, delegação e avocação,[284] o que reflete diretamente no trato dos limites hierárquicos da competência.

Acerca da delegação e da avocação, assim dispõe o art. 11 da Lei nº 9.784/99:

> Art. 11. A competência é irrenunciável e se exerce pelos órgãos administrativos a que foi atribuída como própria, salvo os casos de delegação e avocação legalmente admitidos.

Não deixa a referida lei de estabelecer as hipóteses de delegação e avocação:

> Art. 12. Um órgão administrativo e seu titular poderão, se não houver impedimento legal, delegar parte da sua competência a outros órgãos ou

---

[283] GORDILLO, *op. cit.*, p. VIII, 25-26.
[284] BANDEIRA DE MELLO, 2008, p. 147.

titulares, ainda que estes não lhe sejam hierarquicamente subordinados, quando for conveniente, em razão de circunstâncias de índole técnica, social, econômica, jurídica ou territorial.

Parágrafo único. O disposto no caput deste artigo aplica-se à delegação de competência dos órgãos colegiados aos respectivos presidentes.

Art. 13. Não podem ser objeto de delegação:

I – a edição de atos de caráter normativo;

II – a decisão de recursos administrativos;

III – as matérias de competência exclusiva do órgão ou autoridade.

(...)

Art. 15. Será permitida, em caráter excepcional e por motivos relevantes devidamente justificados, a avocação temporária de competência atribuída a órgão hierarquicamente inferior.

Pela sua indelegabilidade são, portanto, *exclusivas*: a competência com relação à qual haja impedimento legal a sua delegação (art. 12, *caput*); a competência normativa (art. 12, I); a competência decisória acerca de recursos (art. 12, III) e a competência expressamente declarada exclusiva pela lei (art. 12, III).

Sendo competências exclusivas, estas não podem também, por imperativo lógico, ser avocadas, vale dizer, só são avocáveis as competências delegáveis, e, ainda assim: (I) em caráter excepcional, (II) por justa causa devidamente motivada, (III) em caráter temporário e (IV) em relação a competências do órgão inferior.[285]

Quanto ao poder de revisão, pode ser extraído dos seguintes dispositivos da Lei nº 9.784/99:

Art. 53. A Administração deve anular seus próprios atos, quando eivados de vício de legalidade, e pode revogá-los por motivo de conveniência ou oportunidade, respeitados os direitos adquiridos.

(...)

Art. 56. Das decisões administrativas cabe recurso, em face de razões de legalidade e de mérito.

§1º O recurso será dirigido à autoridade que proferiu a decisão, a qual, se não a reconsiderar no prazo de cinco dias, o encaminhará à autoridade superior.

---

[285] "Também a possibilidade de avocação existe como regra geral decorrente da hierarquia, desde que não se trate de competência exclusiva do subordinado. No entanto, o artigo 15 da Lei nº 9.784/99 restringiu a possibilidade de avocação, só a admitindo temporariamente e por motivos relevantes devidamente justificados. A norma talvez se justifique porque, para o subordinado, cuja competência foi avocada, a avocação sempre aparece como uma *capitius diminutio*" (DI PIETRO, 2008, p. 194).

No exercício do poder hierárquico de revisão, pode a autoridade superior atuar no âmbito de competência da inferior, ainda que não sujeita a avocação, para anular atos ilegais ou revogar atos inconvenientes e inoportunos de seus subordinados, de ofício ou mediante provocação.[286]

Tudo isso se reflete na definição da autoridade coatora para fins de mandado de segurança. Como já visto, será ela a competente acerca do ato no momento da impetração.

Se naquele momento a autoridade estiver no exercício de competência delegada ou avocada pertinente ao ato coator, será ela mesma a impetrada, não a delegante ou a sujeita à avocação.

Coator é o agente delegado, conforme Súmula nº 510 do Supremo Tribunal Federal.

Não é por outra razão que o art. 14, §3º, da Lei nº 9.784/99 dispõe que "as decisões adotadas por delegação devem mencionar explicitamente esta qualidade e considerar-se-ão editadas pelo delegado".

Não obstante, entendemos que, como a delegação e a avocação são deslocamentos de todo o regime jurídico pertinente ao ato, de todo o plexo de atribuições a ele relativo — sob pena de inviabilizar a prática do ato ou alterar seu regime jurídico legal por mero ato administrativo — *este deslocamento implica também no deslocamento da competência jurisdicional para fins de mandado de segurança*.

Afinal, a competência é do delegante ou do avocado, exercendo-as excepcionalmente o delegado ou avocante, em decorrência da hierarquia.

O plexo de atribuições pertinentes ao ato coator é o mesmo, apenas desloca-se de um agente a outro. Não há razão para a mesma esfera de atribuições, a mesma competência administrativa, estar ou não sob determinada competência jurisdicional, para fins de mandado de segurança, apenas porque se alterou a autoridade, sem alteração da esfera jurídica funcional atinente ao ato coator. Já vimos que, a rigor, o que importa no remédio heroico é esta esfera, não a pessoa que a exerce.

Nesse sentido, a jurisprudência vem entendendo, conforme a Súmula nº 15 do antigo Tribunal Federal de Recursos, que a Justiça Federal é a competente para apreciar mandado de segurança contra ato de dirigente de estabelecimento de ensino superior, no exercício de atividade delegada do poder público federal; ou que os serviços

---

[286] *Idem*, p. 92.

prestados pelas Juntas Comerciais, apesar de estas serem mantidas e criadas pelos Estados, são natureza federal e, portanto, o julgamento de mandados de segurança que tenham por objeto seus atos são de competência da Justiça Federal.[287]

Cabe observar que se aplicado literalmente o art. 2º da Lei nº 12.016/09, que reproduz o mesmo dispositivo da Lei nº 1.533/51, com pequena alteração redacional,[288] "considerar-se-á federal a autoridade coatora se as consequências de ordem patrimonial do ato contra o qual se requer o mandado houverem de ser suportadas pela União ou entidade por ela controlada", as autoridades tratadas nos exemplos do parágrafo anterior não poderiam ser consideradas federais, pois as consequências de ordem patrimonial do ato são suportadas por entidade de ensino superior privada e pelas Juntas Comerciais, sem qualquer consequência econômica à União ou às entidades por ela controladas.

Ocorre que o dispositivo legal em tela é de sofrível técnica e divorciado do sistema peculiar do mandado de segurança, notadamente no que toca à definição da autoridade coatora, pois toma a autoridade como federal em razão das consequências patrimoniais do ato, ignorando *que o sujeito passivo da ação mandamental é aferido pela competência administrativa e que pouco importa a repercussão econômica, que sequer está presente em todos os casos, sendo de ordem secundária.*

Assim, *considerar-se-á federal a autoridade coatora se a competência para a prática do ato coator for federal*, vale dizer, da União, de entidades por ela controladas ou de entes delegados de tal competência. Qualquer norma em contrário é inconstitucional por ofensiva ao Pacto Federativo, ao considerar autoridade como federal por critérios alheios à repartição de competência entre os Entes Políticos, seus controlados e delegados.

Quanto à avocação não há porque ser diferente.

E se ocorrer avocação e delegação no curso do processo?

Pensamos que a legitimidade passiva deve ser deslocada, por iniciativa de qualquer das partes ou do juiz, como uma espécie de sucessão processual. Isso, porém, sem mudança de competência jurisdicional, pelas razões já expostas.

Já o poder de revisão dos atos dos subordinados influi na sujeição passiva do *writ* porque, em razão dele, a impetração em face do superior

---

[287] Cf. DIREITO, *op. cit.*, p. 49-50.

[288] A redação original era: "art. 2º – Considerar-se-á federal a autoridade coatora se as conseqüências de ordem patrimonial do ato contra o qual se requer o mandado houverem de ser suportadas pela união federal ou pelas entidades autárquicas federais".

da autoridade competente não leva à ilegitimidade passiva, já que aquele tem competência para controlar a legalidade dos atos dos subordinados e anulá-los e, portanto, para conhecer do ato coator e bem cumprir a segurança eventualmente concedida.

Daí se extrai o fundamento de Direito Administrativo da chamada teoria da encampação, segundo a qual a autoridade originalmente ilegítima que presta informações defendendo ato coator no mérito passa a ter legitimidade. A toda evidência, esta teoria só se aplica se a autoridade equivocadamente indicada for o superior hierárquico daquela efetivamente competente, como já decidiu o Superior Tribunal de Justiça:

PROCESSUAL CIVIL. RECURSO ORDINÁRIO EM MANDADO DE SEGURANÇA. ERRÔNEA INDICAÇÃO DA AUTORIDADE COATORA. EXTINÇÃO DO PROCESSO. ENCAMPAÇÃO NÃO-CONFIGURADA. PRECEDENTES.

1. A autoridade coatora é aquela competente para omitir ou praticar o ato inquinado como ilegal e ostentar o poder de revê-lo voluntária ou compulsoriamente.

2. A jurisprudência do STJ firmou entendimento de que, havendo erro na indicação da autoridade coatora, deve o juiz extinguir o processo sem julgamento de mérito, a teor do que preceitua o art. 267, inciso VI, do Código de Processo Civil, sendo vedada a substituição do pólo passivo.

3. Não se aplica a teoria da encampação no presente caso, porquanto, a aludida teoria somente é plausível nos casos em que a impetração seja voltada contra autoridade coatora hierarquicamente superior, que encampa o ato ao oferecer informações para autoridade inferior.

4. Recurso em mandado de segurança não-provido.[289]

Notamos, porém, uma hipótese em que a encampação pode ser admitida ainda quando não houver relação de hierarquia: quando, com base no art. 12 da Lei nº 9.784/99, houver delegação à autoridade fora da relação de hierarquia. Neste caso, a impetração contra o delegante e não o delegado não implica vício, porque, conforme o art. 14, §2º, da mesma lei, o delegante pode retomar sua competência a qualquer tempo, ou seja, até mesmo para responder ao mandado de segurança.

---

[289] Processo RMS nº 18324/SE. (BRASIL. Superior Tribunal de Justiça. Recurso Ordinário Em Mandado de Segurança. RMS nº 2004/0056832-4. Relator(a) Ministro JOÃO OTÁVIO DE NORONHA (1123). Segunda Turma. Data do Julgamento em 13.09.2005. Data da Publicação/Fonte DJ, p. 166, 07 nov. 2005).

Por fim, destacamos situação hoje propiciada pelo art. 9º da Lei nº 12.016/09, ao determinar que a autoridade impetrada remeta cópias da notificação "ao Ministério ou órgão a que se acham subordinadas". É que assim ocorrendo, sempre que a autoridade competente for a superior, incompetente a subordinada impetrada, aquela terá o dever de assumir a defesa do ato e se apresentar como a parte legítima, possibilitando a regularização do polo passivo, já que ciente da impetração que, a despeito de em face de subordinado, volta-se efetivamente contra ato seu. Embora referida norma fale apenas em defesa do ato, possibilita também que, ciente da ilegalidade, a autoridade superior exerça seu poder hierárquico de revisão na esfera administrativa, levando à perda de objeto do mandado de segurança, se for o caso.

Disso decorre que o erro quanto à autoridade coatora que se dá dentro da mesma estrutura hierárquica passa a ser irrelevante, desde que a competente seja a superior imediata (art. 9º) ou a inferior imediata (encampação) àquela eleita.

Vejamos agora o trato do limite material.

4.4.2 Limite material

O limite material é talvez o mais importante, por relacionar a competência ao objeto do ato administrativo.

É assim tratado por Gordillo:

> La competencia en razón de la materia se refiere a las actividades o tareas que legítimamente puede desempeñar el órgano, es decir, al objeto de los actos y las situaciones de hecho ante las que puede dictarlos.
>
> (...)
>
> Ejemplos; una decisión correspondiente al Ministerio da Defensa adoptada por el Ministerio de Economía; orden de instruir una información sumarial dispuesta no por la Subsecretaria de Coordinación Administrativa y técnica del mismo Ministerio. Si el vicio no es muy grave, el acto será tan sólo anulable, pero también puede darse el caso de un vicio muy grave e grosero; p. ej. si el Secretario de Educación de la baja a un agente de una Universidad, o el Decano remueve a un profesor titular designado por concurso, lo que es competencia del consejo Superior. En estos supuestos hay también incompetencia en razón délo grado.[290]

---

[290] GORDILLO, *op. cit.*, p. VIII, 30, 32.

O vício de incompetência material é o mais grave, visto que esta é intrínseca ao objeto do ato. O agente, em regra, sequer detém habilidades técnicas e materiais para a sua prática. Por isso, diz-se que o vício por violação dos limites de competência material é insanável.[291] E, pela mesma razão, a competência material é a mais evidente.

Dessa forma, em regra, o erro cometido quanto a ela na indicação da autoridade coatora não admite encampação, nem mesmo saneamento pelo juiz, com substituição da autoridade indicada pela correta, sendo inevitável a extinção do processo sem apreciação do mérito.

Os casos colocados por Gordillo, como de vício não muito grave e sanável, só podemos conceber, para fins de mandado de segurança, como aqueles de erros escusáveis e os de hierarquia, a par de também materiais.

Vejamos agora a o limite de competência territorial.

4.4.3 Limite territorial

O limite territorial é o mais negligenciado pela jurisprudência, tendo em vista que, ao contrário do material, não se pauta no objeto do ato e por isso, muitas vezes, a autoridade territorialmente incompetente tem habilidade técnica e material acerca do ato.

Deste limite assim trata Gordillo:

> La competencia en razón del territorio comprende el ámbito espacial en cual es legítimo el ejercicio de la función: excederlo determina la nulidad o inexistencia del acto. La existencia es a veces la solución obligada, cuanto se trata de invocar el acto en otra jurisdicción: la autoridad local competente ha necesariamente de ignorarlo.[292]

O limite territorial também implica invalidade do ato, para Gordillo, em alguns casos até inexistência, quando o ato é invocado em outra jurisdição, embora o termo "inexistência" não seja aí empregado com a mesma configuração da doutrina de Celso Antônio Bandeira de Mello. Não há razão para que este limite seja desconsiderado, a pretexto de que a competência material é a mesma e a parte seria a pessoa jurídica, com competência sobre todo o território nacional.

Como já exaustivamente exposto, a parte não é a pessoa jurídica, é a autoridade. Ela é considerada pela Constituição para definição de

---

[291] DI PIETRO, 2008, p. 232.
[292] GORDILLO, *op. cit.*, p. VIII, 32.

competência jurisdicional absoluta, não a pessoa jurídica. E a autoridade local tem competência territorial mais restrita que a da pessoa jurídica a que se vincula, não pode este fato ser ignorado.

Ademais, a competência jurisdicional é definida não pela competência material, mas sim pela territorial da autoridade coatora. Para fins de competência jurisdicional, "é irrelevante a natureza da matéria em discussão: o que define a competência é a natureza da autoridade coatora e sua sede de atuação".[293]

Só isso já é suficiente para que se dê atenção a este âmbito de competência administrativa da autoridade coatora, visto que seu vício leva também a vício absoluto da competência jurisdicional, em prejuízo ao impetrante.

4.4.4 Mudança de competência

Outra questão relevante é a da mudança de competência, hipótese em que a competência é retirada de um órgão e conferida a outro, o que não se confunde com a delegação ou com a avocação.

Já expusemos, na esteira de Lúcia Valle Figueiredo, que não se admite mudança de competência administrativa *ad hoc*, com fins de frustrar o remédio heroico, caracterizando desvio de finalidade, verdadeira simulação.

Contudo, pode ocorrer, após a prática do ato coator ou após a impetração, a mudança de competência administrativa para fins de eficiência, caso em que, ainda que disso decorra mudança da competência jurisdicional, esta deve ser observada e não haverá vício.

Neste caso, a autoridade coatora será a nova, devendo ser considerada sua vinculação à competência jurisdicional. Se a mudança ocorrer no curso do processo, deve ser procedida a sucessão, a requerimento de qualquer das partes ou de ofício pelo juiz, com remessa dos autos ao competente sobre a nova autoridade, se for o caso, preservando-se os atos até então praticados.

Um exemplo desta espécie de fenômeno ocorreu com a chamada "Super Receita", em que as competências sobre o custeio da previdência social passaram do INSS e da Procuradoria-Geral Federal à Receita Federal do Brasil e à Procuradoria-Geral da Fazenda Nacional.

Os mandados de segurança eventualmente já impetrados em face do procurador-chefe federal no INSS passaram a ser respondidos

---

[293] FERRAZ, *op. cit.*, p. 56.

pela autoridade sucessora, procurador-chefe da Fazenda Nacional, sem qualquer problema. É verdade que neste caso concreto não houve a questão do deslocamento de competência jurisdicional, mas entendemos que se fosse o caso, não verificado desvio de finalidade, não haveria porque negar tal deslocamento. Veja-se que a hipótese é muito diversa do exemplo formulado por Lúcia Valle Figueiredo. Aqui a mudança de competência não foi pontual, mas sim relativa a todas as atribuições atinentes ao custeio da previdência social.

Outra hipótese de mudança de competência administrativa que leva, eventualmente, à mudança de competência jurisdicional, é aquela aventada por Hely Lopes Meirelles[294] e Maria Sylvia Zanella Di Pietro:[295] impetrado mandado de segurança concomitantemente ao recurso administrativo, com ou sem efeito suspensivo, a competência administrativa se desloca para autoridade que decidirá ou decidiu o recurso, podendo deslocar também a competência jurisdicional.

Não obstante, pensamos que a hipótese é meramente teórica, visto que o ajuizamento de ação judicial com o mesmo objeto de recurso administrativo leva à perda do objeto deste e à preclusão lógica, dada a prevalência da esfera judicial sobre a administrativa, como recentemente reconheceu o Supremo Tribunal Federal.[296]

4.4.5 Inexistência de declaração expressa de competência

Aventamos aqui duas hipóteses. Numa delas, pretende-se a prática de um ato, sendo a omissão ilegal, mas a lei não estabelece expressamente a competência para tal ato. Na outra, pretende-se a correção do ato comissivo, mas a partir do instrumento de formalização do ato não se identifica o sujeito competente, nem na lei se encontra expressa competência geral e abstrata sobre aquele ato.

Entendemos que ambos os casos se resolvem da mesma forma: considerando-se que não houve desconcentração, vale dizer, a competência residual é exercida pelo Chefe do Poder, autoridade máxima da organização administrativa.[297]

---

[294] MEIRELLES, 2003, p. 62.

[295] DI PIETRO, 2002, p. 643-644.

[296] RE nº 233582/RJ (BRASIL. Supremo Tribunal Federal. Recurso Extraordinário. RE nº 233582/RJ. Relator(a): Min. MARCO AURÉLIO Relator(a) p/ Acórdão: Min. JOAQUIM BARBOSA. Julgamento em 16.08.2007. Órgão Julgador: Tribunal Pleno. Publicação *DJe*-088, 15 maio 2008. Publicado em 16.05.2008. vol-02319-05. p-01031).

[297] DI PIETRO, 2008, p. 193-194.

Não obstante, isso pode ser mudado por lei, o que ocorre na esfera Federal, em que a Lei nº 9.784/99, em seu art. 17, estabelece uma cláusula geral de competência residual, segundo a qual, à falta de determinação legal, competente será a autoridade de menor grau hierárquico para decidir sobre a matéria.

A solução legal, a nosso sentir, não é satisfatória, pois muitas controvérsias podem surgir na apuração de quem é esta "autoridade de menor grau para decidir". Num determinado caso concreto, é possível que não seja identificável sequer em que estrutura hierárquica está a competência. Pode ser que o tema não se enquadre bem no âmbito de nenhum Ministério de Estado. Neste caso, persistindo a controvérsia, pensamos que só nos resta a regra geral, considerar competente o Chefe do Executivo, por insatisfatória a lei.

4.5 Hipóteses específicas de definição da autoridade conforme o ato coator

Analisados aspectos gerais, vejamos alguns casos específicos discutidos com maior frequência pela doutrina.

Nos atos colegiados, Hely Lopes Meirelles considera autoridade coatora o presidente do órgão.[298] O entendimento majoritário, sustentado por Sergio Ferraz, Lúcia Valle Figueiredo e Adilson de Abreu Dallari, considera como autoridade coatora o órgão colegiado, não seu presidente, que apenas o representa.[299] [300] [301]

Entendemos, *data venia*, que não pode ser sempre o presidente, já que não necessariamente ele participa do ato coator, conforme o caso, mas também não o órgão, pois, como já demonstramos, a autoridade coatora é o agente, não o órgão.

Dessa forma, cremos que serão autoridades coatoras os componentes do colegiado, no mesmo sentido do exemplo dado por Cassio Scarpinella Bueno quanto à comissão de licitação.[302] Isso porque, embora não responda o órgão, plexo de atribuições, mas sim os agentes de tais atribuições, nos atos colegiados apenas a posição funcional do grupo é satisfatória ao mandado de segurança. Nenhum deles pode responder isoladamente e nenhum deles pode ser excluído.

---

[298] MEIRELLES, 2003, p. 61.
[299] FERRAZ, *op. cit.*, p. 106.
[300] FIGUEIREDO, 2004, p. 65.
[301] DALLARI, *op. cit.*, p. 45.
[302] BUENO, *op. cit.*, p. 30.

Na prática, todavia, a impetração é dirigida em face apenas do presidente, sem maiores incidentes, que atua representando todo o colegiado. O colegiado, não o órgão. Quando isso ocorre, entendemos que há incidência do art. 12, parágrafo único, da Lei nº 9.784/99, ou seja, delegação da competência de todo colegiado ao Presidente, para que responda e cumpra o mandado de segurança:

> Art. 12. Um órgão administrativo e seu titular poderão, se não houver impedimento legal, delegar parte da sua competência a outros órgãos ou titulares, ainda que estes não lhe sejam hierarquicamente subordinados, quando for conveniente, em razão de circunstâncias de índole técnica, social, econômica, jurídica ou territorial.
>
> *Parágrafo único. O disposto no caput deste artigo aplica-se à delegação de competência dos órgãos colegiados aos respectivos presidentes.* (grifo nosso)

Nos atos complexos, há grande divergência.

Para Hely Lopes Meirelles e Adilson Dallari, a última autoridade que neles intervêm para seu aperfeiçoamento é a coatora.[303] [304] Para Sergio Ferraz, apenas o praticante do ato principal.[305] Já para Adhemar Ferreira Maciel e Regina Helena Costa, são coatoras todas as autoridades que praticaram o ato, em litisconsórcio necessário.[306] [307] Na mesma linha entende Arnoldo Wald.[308]

Para Cassio Scarpinella Bueno, a solução é a mesma para os atos complexos, sujeitos a controle e colegiados, dependendo do instante em que se impugna o ato judicialmente e da causa de pedir:

> Se a impetração dirigir-se ao ato final, ultrapassados os graus horizontais ou verticais da esfera administrativa, serão autoridades coatoras, em princípio, todos aqueles que participaram da vontade administrativa e que, nessa condição, tiveram meios para influenciar no resultado final. Quando a impugnação preceder esse momento, coatores serão os agentes que até então se tiverem manifestado. Tudo dependerá, no

---

[303] MEIRELLES, 2003, p. 62.

[304] DALLARI, *op. cit.*, p. 45.

[305] FERRAZ, *op. cit.*, p. 105.

[306] MACIEL, *op. cit.*, p. 185.

[307] COSTA, Regina Helena. Anotações sobre os sujeitos do mandado de segurança em matéria tributária. *In*: BUENO, Cassio Scarpinella; ALVIM, Eduardo Arruda; WAMBIER, Teresa Arruda Alvim (Coord.). *Aspectos polêmicos do mandado de segurança*: 51 anos depois. São Paulo: Revista dos Tribunais, 2002. p. 736.

[308] WALD, *op. cit.*, p. 163-164.

entanto, das razões concretas pelas quais o ato foi guerreado. Pode acontecer que a causa de pedir do mandado de segurança não diga respeito, indistintamente, a todo o processo de formação do ato estatal, quando autoridade(s) coatora(s) será(ão) o(s) diretamente envolvido(s) na situação feridora do direito líquido e certo retratada na petição inicial. Após o aperfeiçoamento do ato, todos os que participaram da vontade administrativa e que, nesta condição, tiveram meios para influenciar no ato final.[309]

(...)

A identificação da autoridade coatora, assim, depende, sempre, da causa de pedir da ação e, portanto, da identificação do ato coator que se pretende impugnar.

Estamos com o grande processualista quanto aos atos colegiados, como já dito, não quanto aos sujeitos a controle, como será adiante exposto, e em parte quanto aos atos complexos. Em parte, porque quanto a estes será parte passiva no mandado de segurança apenas aqueles que tenham *efetivamente* influenciado o resultado final, não bastando *meramente os meios* para influenciar. Expliquemos.

Como expusemos em tópico próprio,[310] "nesta espécie de atos não há subordinação, mas coordenação, não há controle do segundo sobre o primeiro, de forma que é perfeitamente possível que sendo o primeiro ato viciado o segundo seja válido. Pode ocorrer também de serem todos os atos de formação viciados, todos eles atos coatores impugnáveis". Por certo ambas as autoridades tem influência sobre o resultado final, mas *nenhuma delas tem influência sobre o resultado da outra*. Assim, conforme o caso, a autoridade coatora parte no processo será apenas uma ou outra das autoridades, independentemente de qual delas pratica o ato final, ou ambas, conforme sejam ilegais ou não seus atos.

Um exemplo prático, simples e corriqueiro na Justiça Federal é o das certidões conjuntas de regularidade fiscal quanto a tributos federais.

A expedição de tal certidão depende de duas vontades: uma da autoridade competente da Receita Federal do Brasil, que responde pelos apontamentos quanto a obrigações acessórias e débitos tributários não inscritos em dívida ativa da União; outra, da autoridade competente da Procuradoria da Fazenda Nacional, que responde pelos débitos inscritos em dívida ativa da União. O âmbito de competência de ambas as autoridades é independente e autônomo, ambas influenciam o ato final, a certidão, mas não a atuação um do outro.

---

[309] BUENO, *op. cit.*, p. 29-30.
[310] *Vide* tópico 3.3.2.

Dessa forma, a autoridade coatora será aquela que obsta a expedição da certidão negativa, que pode ser apenas uma delas, ou ambas.

Observa Lúcia Valle Figueiredo, no que concordamos, tal qual Cassio Scarpinella Bueno, que os atos complexos podem ser impugnados antes de seu aperfeiçoamento. Se o primeiro ato implicar ameaça de lesão, a autoridade que o pratica será a coatora.[311]

Já nos atos de controle, no que inserimos os compostos, a maioria da doutrina sustenta que o coator é a autoridade que pratica o ato principal.[312] [313] [314] [315]

Estamos, porém, com Lúcia Valle Figueiredo, ao afirmar que depende da situação: se o ato estiver perfeito, a autoridade coatora é a controladora, que homologou mal, ainda que a autoridade que praticou o ato já tenha cometido ilegalidade; se o ato não estiver perfeito e, ainda antes de homologado, for idôneo a causar ameaça de lesão, caberá o *writ* contra aquele que o praticou.

Consideramos que, realmente, se o sistema jurídico prevê o controle, prevê necessariamente para ser verificada a ilegalidade. Portanto, parece-nos que a autoridade responsável será a controladora, a não ser que se interpusesse mandado de segurança diretamente contra o primeiro ato já ilegal, inteiramente possível.[316]

Nos procedimentos administrativos, para Hely Lopes Meirelles, a parte é a autoridade que preside sua realização.[317]

Adilson Dallari entende da mesma forma, mas ressalta que é preciso apurar se o presidente teve efetiva participação.[318]

Para Sergio Ferraz, é o órgão que executa o procedimento, sendo o presidente seu representante.[319]

Entendemos que depende de quem pratica o ato coator. Se for ato singular, a autoridade que o praticou monocraticamente é a coatora, ainda que seja membro de colegiado. Se for ato colegiado, a solução é a dada para este tipo: coatores são todos os membros do órgão,

---

[311] FIGUEIREDO, 2004, p. 64-65.
[312] MEIRELLES, 2003, p. 62.
[313] FERRAZ, *op. cit.*, p. 104.
[314] MACIEL, *op. cit.*, p. 186.
[315] COSTA, 2002, p. 737.
[316] FIGUEIREDO, 2004, p. 63-64.
[317] *Idem*, p. 62.
[318] DALLARI, *op. cit.*, p. 46-47.
[319] FERRAZ, *op. cit.*, p. 107.

não o órgão, sendo que na prática o presidente se apresenta como representante de todos, como delegado. Outra questão é a relativa ao ato sujeito a recurso hierárquico. Será coator o ato do superior, que mantém o do subordinado, ou o ato deste? Neste ponto, entendemos mais adequada a posição de Adilson Dallari, segundo a qual é necessário diferenciar a decisão proferida em recurso hierárquico e aquela proferida por órgão contencioso de controle, os chamados "Tribunais Administrativos":[320]

> Quando eu tenho um recurso hierárquico, a autoridade superior que conhece a medida o confirma, ela endossa a medida e endossa também a coação praticada. Então, no caso do recurso hierárquico próprio, típico, eu acho que não é a autoridade que praticou o ato, mas que o manteve; mas nesse caso não, nesse caso do Tribunal Administrativo, este opina, se manifesta pela manutenção, sem assumir a paternidade do ato, sem se substituir à autoridade que o praticou.

Para mandados de segurança em âmbito tributário, destaca Regina Helena Costa que nos casos de tributos parafiscais, com delegação da capacidade tributária ativa a terceiros, a autoridade é a vinculada à pessoa jurídica delegada, não à titular da competência tributária.[321]

Lúcia Valle Figueiredo destaca o caso da retenção de tributos, entendendo que a fonte retentora pode ser sujeito passivo,[322] no que é seguida por Regina Helena Costa.[323]

Neste ponto, ousamos divergir, adotando como melhor solução aquela colocada pelo eminente Ministro Menezes Direito, pautado em julgado de relatoria do eminente Ministro Ari Pargendler, segundo a qual "a fonte pagadora não tem autonomia; obedece às orientações do Delegado da Receita Federal, que por isso é a autoridade coatora".[324]

Entendemos que, para fins de retenção de tributos, o retentor é mero executor da cobrança, não detendo competência.

4.6 Indicação errônea da autoridade coatora

Como visto, a não observância das regras de competência administrativa podem levar à errônea indicação da autoridade coatora.

---

[320] DALLARI, *op. cit.*, p. 68.
[321] COSTA, 2002, p. 734.
[322] FIGUEIREDO, 2004, p. 62-63.
[323] COSTA, 2002, p. 736.
[324] DIREITO, *op. cit.*, p. 47.

Ocorrida esta, é possível a correção, ou deve o juiz extinguir o processo sem apreciação do mérito?

Hely Lopes Meirelles sustenta que o juiz tem o dever de determinar a notificação da autoridade certa e remeter o feito ao juiz competente, como medida de economia processual, não sendo possível imputar ao impetrante que conheça com precisão a estrutura dos órgãos da Administração.[325]

Sergio Ferraz é da mesma opinião,[326] argumentando que como garantia constitucional o mandado de segurança deve ser entendido "com vistas generosas, que conduzam à ampliação de sua incidência, e não à colocação de obstáculos à sua tramitação".[327]

Conclui, em coerência com sua posição quanto à legitimidade passiva do mandado de segurança, que como a autoridade não seria parte, não há que se cogitar carência da ação ou violação à estabilização do processo.[328]

Ressalta que a questão se divide em três outras, com tratamento diverso:

I – o verdadeiro coator ingressa no feito e presta informações, não havendo alteração na competência judiciante: não há como deixar de ser conhecido e julgado o writ (TJSP: MAS 31.763-2, RT 571/77).

II – O impetrante (mediante emenda à inicial), ou mesmo o juiz, detecta a erronia, que não acarreta alteração do juiz natural: deve ser convocada a real autoridade coatora (TFR: CComp 3.690, DJU 1.7.1980, p. 4.959; MAS 97.486, DJU 14.2.1985, p. 1.218; TRF/1ª Região: MAS 93.01.1112-8-MG, rela. Desa. Fed. Gilda Sigmaringa Seixas, DJU 16.9.2004, Seção 2, p. 27).

III – Independentemente de quem constante ou revele o equívoco, dele decorre alteração do juiz natural: justamente por força das duas considerações fundamentais mais acima expostas, deve o feito ser encaminhado ao juiz competente, que cuidará de proceder à convocação da efetiva autoridade coatora.[329]

Na mesma linha sustenta Lúcia Valle Figueiredo,[330] "inclusive em face da instrumentalidade do processo e da urgência necessária a ser dada ao mandado de segurança".

---

[325] MEIRELLES, 2003, p. 61.
[326] FERRAZ, *op. cit.*, p. 107-119.
[327] *Idem*, p. 109.
[328] FERRAZ, *op. cit.*, p. 113.
[329] *Idem*, p. 109-110.
[330] FIGUEIREDO, 2004, p. 84-87.

Coloca, porém, o problema da identificação tardia do equívoco, o que, segundo sua análise da jurisprudência do Tribunal Regional Federal da 3ª Região, vinha sendo entendido como caso de extinção do processo por carência da ação.

Sustenta, todavia, em outra direção se a matéria for unicamente de direito, hipótese em que considera as informações um nada jurídico, do que decorreria a inexistência de prejuízo no erro quanto à autoridade.

Antônio César Bochenek, em análise minuciosa da questão, entende que "se deve admitir a correção da indicação errônea da autoridade impetrada, através da emenda a inicial ou através de pequenas correções de ofício", pautado no caráter constitucional do *mandamus*, que por isso não poderia ser limitado por lei infraconstitucional, com base nos princípios da economia e instrumentalidade processual.[331]

De outro lado, prestigiando mais o princípio processual dispositivo, o eminente Ministro Menezes Direito entende que é caso de ilegitimidade passiva, levando à denegação da segurança sem apreciação do mérito. Afirma que "não pode o julgador sair procurando qual a autoridade verdadeiramente coatora, substituindo-se ao dever da parte de indicar corretamente o ato e a autoridade que o praticou".[332]

Adhemar Ferreira Maciel entende na mesma linha. Para o eminente Ministro, o juiz não deve ficar amarrado a preciosismo processual, mas, se o erro for grosseiro, deve o processo ser extinto sem apreciação do mérito. É admissível que o juiz provoque a substituição de uma autoridade por outra, antes da notificação, conforme o art. 264 do Código de Processo Civil, mas passado este evento, se a autoridade apontada alegar ilegitimidade e esta alegação for acolhida, não é mais possível a substituição, sendo inevitável a extinção sem apreciação do mérito. Admite, contudo, a chamada encampação, quando outra autoridade superior vem ao processo e assume a defesa do ato.[333]

Em artigo intitulado "A autoridade coatora", de autoria de Adilson Dallari, extraído de um grupo de debates, a questão é por ele discutida e debatida com Péricles Prade, Antônio Carlos Mendes e Márcio José de Moraes.[334]

Péricles Prade é da opinião que a questão não se resolve pela via das condições da ação, mas sim da competência:

---

[331] BOCHENEK, *op. cit.*, p. 67-74.
[332] DIREITO, *op. cit.*, p. 106-109.
[333] MACIEL, *op. cit.*, p. 187-188.
[334] DALLARI *apud* Péricles Prade, Antônio Carlos Mendes e Márcio José de Moraes, *op. cit.*, p. 59-63.

Quando for verificado o equívoco no tocante à autoridade coatora, ao invés de o juiz decretar a carência por ilegitimidade, extinguindo o processo, é declinada a competência. Ou, se ele assumir a competência, ele não deverá extinguir o processo por ilegitimidade, desde que aquela autoridade, ainda que equivocadamente, tenha sido apontada, ela se situe dentro do espectro da responsabilidade da assunção dos efeitos patrimoniais, ou mesmo jurídicos, da pessoa jurídica, de direito público, a quem a impetração visa a atingir em termos de objeto da ação.[335]

Adilson Dallari entende que a questão pode ser evitada se for indicada sempre a autoridade de hierarquia maior, numa relação de continência. Indicada a autoridade maior, a menor estaria aí contida.[336]

Antônio Carlos Mendes adere à corrente da aplicação estrita do Código de Processo Civil, com a extinção do processo sem apreciação do mérito, pois a substituição diretamente pelo juiz não seria autorizada, quer pela Constituição, quer pela lei.[337]

Por fim, segundo Márcio José Moraes:

> O processo civil, se bem colocado, se bem compreendido, se bem aplicado, não complica nada, não confunde nunca, porque ele é feito exatamente para simplificar. Esta é a proposta do processo civil: colocar os meios adjetivos suficientes e úteis para a concretização do próprio direito material. De modo que se coloca o processo como algo que atrapalha, só se o processo estiver sendo mal utilizado. Então, não é porque se trata de uma garantia constitucional. O processo civil mal utilizado deve ser afastado sempre, em qualquer situação. Não se trata de prevalência da garantia constitucional sobre o processo civil. Parece-me que, muito mais útil à própria garantia constitucional, ao próprio mandado de segurança, que processo civil e mandado de segurança caminhem conjuntamente, um fornecendo meios adjetivos para que o outro possa ser corretamente atuado.
>
> (...)
>
> O Tribunal Federal de recursos tem uma jurisprudência — e mais ou menos pacífica — no sentido de que o juiz pode, no mandado de segurança, ele mesmo indicar a autoridade impetrada, quando verifica que a impetração foi dirigida erroneamente.
>
> Mas também me parece que essa jurisprudência há que ser aplicada com temperamentos.

---

[335] DALLARI *apud* Péricles Prade, *op. cit.*, p. 61.
[336] DALLARI, *op. cit.*, p. 61-62.
[337] DALLARI *apud* Antônio Carlos Mendes, *op. cit.*, p. 62-63.

Sempre que o erro da impetração — seja mínimo — sempre que exista uma zona nebulosa para indicação da autoridade impetrada, não há por que o juiz não possa indicar, ele mesmo, a autoridade correta e fazer expedir o ofício de informações a essa autoridade correta. Mas, parece-me que, quando o engano é gritante, quando efetivamente indicou-se uma autoridade por outra, de forma totalmente equivocada, o juiz não possa fazer essa atividade, sob pena de quebra do princípio dispositivo. O juiz estaria, nesse caso, sendo parte.[338]

A nós parece que, de todas as posições destacadas, a melhor é a última, de Márcio José Moraes, que bem equilibra as regras processuais, tendo respaldo constitucional no princípio do devido processo legal, com a efetividade do mandado de segurança.

Não entendemos cabível desconsiderar por completo as regras de processo, de imparcialidade jurisdicional e estabilidade, tão caras ao processo, para que o juiz possa sempre e em qualquer caso ele definir o polo passivo da ação, em detrimento da indicação feita pela parte autora. O juiz não pode substituir a parte na delimitação dos limites objetivos ou subjetivos da lide.

Ora, a efetividade da jurisdição é cara em outras espécies processuais, não só ao mandado de segurança, e em todas elas tem respaldo constitucional, no princípio da inafastabilidade da jurisdição, interpretado em sua devida amplitude e densidade. Entender que o juiz pode substituir a parte na definição do polo passivo da ação em mandado de segurança, em favor da efetividade, levaria, inevitavelmente, à mesma conclusão quanto às demais espécies de ação. Não vemos como possa a questão ser resolvida de uma forma para o mandado de segurança e de outra para as demais ações, pois, a rigor, as premissas são as mesmas.

A conclusão seria, portanto, acabar com a imparcialidade do juiz na indicação dos réus, em qualquer processo. Seria, com efeito, dispensável a indicação do réu. O juiz que indicasse para ser réu aquele que, conforme o relato dos fatos, melhor lhe parecesse apto a conferir efetividade à jurisdição. Isso sim seria de flagrante inconstitucionalidade.

Por outro lado, sendo escusável o erro quanto à autoridade, ficando claro na indicação, ainda que errônea, quem a parte autora quis de fato indicar, qual o plexo de atribuições de que necessita para satisfação de seu pedido, em atenção aos princípios da instrumentalidade e da economicidade, deve o juiz propiciar a correção do erro.

---

[338] DALLARI, *apud* Márcio José Moraes, *op. cit.*, p. 59-60.

Deve, portanto, ser constatado no caso concreto do que se trata. Se de entendimento totalmente equivocado do impetrante, ou de mera confusão escusável quanto à estrutura dos órgãos da Administração pertinentes. Por fim, entendemos que, nos casos em que justificável a correção do polo passivo, o juiz não deve substituir a autoridade sem consulta ao impetrante. O procedimento mais consentâneo com o princípio dispositivo é o juiz sugerir a autoridade correta à parte e intimá-la para que se manifeste, concordando ou não com a sugestão. Isso porque a parte pode querer insistir na indicação original e sua mudança impositiva pelo juiz é claramente incompatível com o princípio da inércia da jurisdição.

4.7 Consequências da incorreção

Desenvolvemos longo estudo acerca do polo passivo do mandado de segurança, sustentando que este é composto pela autoridade coatora, cuja importância e destaque são conferidos pela Constituição e pela lei. Analisamos questões relativas à definição da autoridade coatora, que parte do ato coator e da competência administrativa para sua prática. Apreciamos, ainda, a possibilidade de correção da indicação errônea feita pelo impetrante. De tudo isso, a indagação que surge naturalmente é: mas o que acontece se a autoridade for erroneamente indicada e nada se fizer para sanar o vício, levando o processo até o fim, com julgamento do mérito?

As consequências são importantíssimas e graves, o que evidencia a relevância dos temas aqui tratados.

Comecemos pela primeira consequência, processual e constitucional, relativa à notificação e às informações.

As informações, como visto, são defesa, não só da autoridade, por seu ato em sua posição funcional, mas também da pessoa jurídica à qual se vincula, contra os ônus a ela decorrentes, num plano secundário.

A autoridade é quem toma contato direto com o ato coator e conhece minuciosamente os fatos envolvidos na causa, bem como o fundamento jurídico por ela considerado para sua prática. Ainda que a pessoa física ocupante da posição funcional no momento da impetração seja outra que não aquela praticante do ato coator, terá maior conhecimento das rotinas de sua função, do que habitualmente acontece quanto aos fatos e da forma de aplicação prática das normas relativas aos atos de sua competência do que qualquer outro agente.

Assim, o erro na indicação desta leva, inevitavelmente, em maior ou menor medida, prejuízo aos princípios do contraditório e da ampla defesa, maculando todo o processo.

Pode-se alegar que um ato administrativo bem motivado, com correta indicação formal dos motivos de fato e de direito, com exaustiva motivação, dispensaria a autoridade, se vier aos autos a representação judicial. É certo que em alguns casos não se verifica realmente nenhum prejuízo.

Isso, porém, não é o bastante para se desconsiderar a proteção constitucional do contraditório e ampla defesa que visa a amparar, de antemão, os casos em que este prejuízo seja eventualmente possível. Mas não é este o único problema, nem o mais crítico.

Outra consequência, processual e constitucional, sempre lembrada pela doutrina, é a relativa à competência jurisdicional.

Como já visto, a competência jurisdicional para apreciação do mandado de segurança define-se pela autoridade coatora, sendo esta competência funcional e absoluta, estabelecida segundo regras constitucionais expressas e claras.

A importância da questão é destacada pelo eminente Ministro Menezes Direito:

> Por derradeiro, é sempre necessário ter muita atenção na indicação da autoridade coatora. Ensina Pontes de Miranda que a "variação da competência é em função da categoria da autoridade, e não só da entidade estatal". A indicação do ato da autoridade coatora deve ser precisa para evitar erro na impetração, prejudicando o impetrante.[339]

Além daquele prejuízo à ampla defesa do impetrado, temos agora um prejuízo ao devido processo legal e ao juiz natural, que afeta o impetrante, na medida em que o prosseguimento de um processo sob juiz absolutamente incompetente pode levar à nulidade do processo e, o que é pior, de decisões legitimamente favoráveis ao impetrante, via recurso ou ação rescisória.

A mais importante consequência, porém, não bastassem as acima expostas, é que o prosseguimento do processo contra autoridade incompetente administrativamente acerca do ato leva à inefetividade plena da ação.

Como já dissemos, ação em sentido estrito é o direito a um provimento jurisdicional de mérito e na ação de mandado de segurança

---

[339] DIREITO, *op. cit.*, p. 46.

se busca um provimento mandamental de máxima efetividade, o saneamento *in natura* e célere de ilegalidade.

Pois uma sentença de mérito em face de equivocada autoridade leva precisamente à frustração de tal provimento.

A lamentável situação é bem alertada por Hely Lopes Meirelles:

> Se as providências pedidas no mandado não são da alçada do impetrado, o impetrante é carecedor da segurança contra aquela autoridade, por falta de legitimação passiva para responder pelo ato impugnado. A mesma carência ocorre quando o ato impugnado não foi praticado pelo apontado coator.
>
> Não obstante a logicidade desse entendimento, vem ocorrendo concessão de segurança inexeqüível contra autoridade que não é a coatora ou que não tem competência para praticar o ato ordenado. Tal se verifica, p. ex., quando a ordem é dada a um Secretário de Estado para nomear um funcionário, ato de competência do Governador, única autoridade que poderia expedir tal decreto, mas que não fora chamada na impetração. Noutros casos, a ordem judicial determina a prática de um ato inferior contrário a um ato superior não invalidado. Em todas estas hipóteses o mandado não pode ser cumprido, devendo o impetrado esclarecer a Justiça sobre a impossibilidade jurídica de sua execução.[340]

Vamos mais além, pois, em regra, nos casos em que ocorre, a impossibilidade não é só jurídica, mas também fática.

Adilson Dallari identifica em breves linhas os três problemas ora aventados:

> O que importa é a identificação da autoridade coatora, porque ela vai servir, basicamente, para identificar o juízo competente para apreciar a questão. A impetração feita contra autoridade incompetente, autoridade outra que não a competente para responder ao mandado de segurança, para apresentar as informações e até para corrigir o ato impugnado seria incabível. A preocupação, portanto, deve estar centrada na questão da autoridade coatora. Dependendo da correção no tocante à indicação da autoridade coatora é que eu vou ter o sucesso ou não do mandado de segurança.[341]

Postas as graves consequências da perpetuação do erro quanto a autoridade, citamos um exemplo prático de cada uma delas, vivenciado

---

[340] MEIRELLES, 2003, p. 60.
[341] DALLARI, *op. cit.*, p. 47.

na atuação como autoridade coatora no âmbito da Procuradoria da Fazenda Nacional em São Paulo.

Num determinado caso, a parte arrolada foi o procurador-chefe da Fazenda Nacional em São Paulo, quando a dívida objeto da impetração era de responsabilidade do procurador-chefe da Fazenda Nacional no Rio de Janeiro. Foram elaboradas as informações alegando-se apenas a ilegitimidade, a prestação de informações quanto ao mérito era impossível no prazo legal, visto que o caso era complexo e demandava análise dos vários volumes dos autos do processo administrativo. O juiz, contudo, ao invés de extinguir o processo sem apreciação do mérito ou substituir a autoridade pela correta, julgou o mérito em favor do impetrante. Constatou-se depois que, pelos elementos em poder da autoridade competente, o impetrante não tinha razão.

Outro caso. A autoridade coatora correta era o procurador-seccional da Fazenda Nacional em Ribeirão Preto, mas foi arrolado o procurador-chefe em São Paulo. Alegada a ilegitimidade, entendeu-se por desconsiderar a desconcentração territorial, concedendo a segurança, para cancelar débito de responsabilidade do impetrante. Contudo, em julgamento de remessa oficial, o Tribunal, corretamente, reconheceu a incompetência absoluta, o que levou à anulação de todo o processo, que, após anos de tramitação, teve que reiniciar.

Por fim, o mais grave. Determinado impetrante pretendia a obtenção de certidão de regularidade fiscal, obstada apenas em razão de débitos não inscritos em dívida ativa, de competência do delegado da Receita Federal em São Paulo. No entanto, colocou no polo passivo apenas o procurador-chefe da Fazenda Nacional em São Paulo. Explicado em informações o equívoco quanto à autoridade coatora, entendeu-se que a parte seria a pessoa jurídica, ignorando o problema de competência. Sobrevindo a sentença, seu cumprimento foi impossível, não só juridicamente, mas materialmente. O processo todo, inclusive a sentença, foram imprestáveis. A solução, verificado o impasse, após decurso de tempo relevante desde a prolação da sentença, foi ofender flagrantemente a lei e a Constituição intimando o delegado da Receita Federal, que não se defendeu nem participou do processo, para integrar a lide no momento de cumprir a sentença. Veja-se que a situação seria ainda mais grave se a autoridade efetivamente competente fosse de outra subseção judiciária.

Em todos estes exemplos os juízes de primeiro grau, quer entendendo que a parte é a pessoa jurídica, quer entendendo que satisfaziam melhor o direito do impetrante, levaram a situações de grave injustiça. Nos dois últimos exemplos, a pretexto de maior efetividade, chegou-se precisamente no oposto.

Poder-se-ia argumentar que, sendo a pessoa jurídica parte, bastaria notificar ou intimar sua representação judicial, que faria o trabalho de buscar a autoridade competente para colher os fatos e intimar a pessoa jurídica da sentença, que determinaria à autoridade competente o cumprimento da decisão.

A par da inconstitucionalidade e ilegalidade deste procedimento, isso levaria à mora e inefetividade. A representação judicial como intermediário entre o juízo e a autoridade, que não deveria existir nesta via, é o suficiente para que a defesa e o cumprimento das decisões sofram atrasos consideráveis quanto mais relevante e urgente for o caso.

De outro lado, a rigor, isso seria converter o mandado de segurança numa ação de rito ordinário com pedido de tutela antecipada. Não obstante, se a Constituição diferenciou a tutela jurisdicional ordinária daquela obtida via mandado de segurança, a fim de maior efetividade, não cabe à doutrina ou à jurisprudência tornar fungíveis as duas vias, em prejuízo dos administrados.

Se na prática isso vem ocorrendo, é certo que em parte se deve à maior efetividade do processo civil ordinário, com a valorização das tutelas específicas, mas não é prudente ignorar que em grande parte também em razão do tratamento descuidado que se dá ao mandado de segurança, prejudicando as qualidades a ele inerentes e que não têm par nas demais espécies de ação, tais como a preferência de julgamento, rito sumário especial, vedação à dilação probatória, tutela mandamental com ordem direta à autoridade, defesa pela própria autoridade etc.

Conclusão

Pelo estudo aqui desenvolvido acerca da sujeição passiva no mandado de segurança e sua relação com a autoridade coatora, restou demonstrado que:

1. O sujeito passivo do mandado de segurança, podendo também recorrer, é a autoridade coatora, não com sua personalidade física, mas sim em sua posição funcional, como sujeito de direito despersonalizado, titular das prerrogativas e deveres inerentes ao ato coator, e tem interesse direto na defesa de sua posição funcional;

2. A autoridade coatora era destacada nos institutos do direito comparado que serviram de influência ao mandado de segurança, foi realçada nos regimes constitucionais brasileiros anteriores e o é no presente, em seus arts. 5º, LXIX, 102, I, "d", 105, I, "b", 108, "c", 109, VIII, 114, IV, sendo também sempre importante nos regimes legais, em detrimento do menor destaque dado à pessoa jurídica. Esta importância da autoridade sobre a pessoa jurídica só pode alçá-la à mais importante posição na relação jurídica processual do mandado de segurança, a de parte. Do tratamento especial dado pelo direito positivo à autoridade no mandado de segurança, neste âmbito ela deve ser considerada uma singularidade separada da pessoa jurídica. Esta configuração é essencial à máxima efetividade da garantia constitucional do mandado de segurança, assegurando suas peculiares celeridade, sumariedade e satisfatividade imediata da sentença mandamental;

3. Desta posição de parte em destaque da pessoa jurídica, que se extrai da natureza do instituto, decorre a capacidade de ser parte da autoridade coatora em sua posição funcional, bem como sua qualificação como sujeito de direito despersonalizado titular apenas dos direitos (prerrogativas) e deveres inerentes ao ato coator, com interesse próprio na defesa de sua atuação funcional e manutenção de seu ato;

4. A autoridade é parte, mas em sua posição funcional, com as prerrogativas e deveres inerentes ao ato coator, não em sua personalidade física, com os direitos e deveres que dela decorrem. Tais direitos e deveres não interessam à relação

jurídica objeto da segurança, cuja satisfação depende do exercício da função, não de patrimônio jurídico a ela estranho, não sendo uma ação de responsabilidade por ilícito. Ademais, do ato sujeito à segurança, em regra, não há como se extrair qualquer responsabilidade da personalidade física, já que praticado, no mais das vezes, no regular exercício da função, sem falta funcional dolosa ou culposa. Ainda quando o ato seja, excepcionalmente, praticado com dolo ou culpa, a responsabilização é estranha ao objeto do mandado de segurança e se dá em regresso, na forma do art. 37, §6º, da Constituição, em relação jurídica entre a pessoa jurídica e a pessoa física da autoridade, desta não participando o impetrante;

5. No mandado de segurança temos duas relações jurídicas, uma primária, entre impetrante e autoridade, que se destaca da relação secundária, entre impetrante e pessoa jurídica. Esta relação secundária, contudo, nem sempre está presente, podendo não haver ônus à pessoa jurídica em decorrência da segurança, como ocorre nos mandados de segurança contra ato judicial;

6. Quando a relação jurídica secundária é afetada pela segurança, é interesse do impetrante, para máxima efetividade da tutela jurisdicional que pleiteia, que estes ônus sobre a pessoa jurídica sejam afetados pela coisa julgada. Este amplo efeito, alcançando primariamente a autoridade e secundariamente a pessoa jurídica, ambas com força de coisa julgada, sempre esteve presente no mandado de segurança, sendo incorporado à sua configuração fundamental. Por essa razão, a autoridade coatora realiza sozinha a defesa das duas relações jurídicas, como substituta processual da pessoa jurídica, além de parte na defesa de sua própria relação;

7. Até o regime da Lei nº 1.533/51, havia litisconsórcio entre a pessoa jurídica, pautada na relação secundária, protegendo-se contra os ônus da segurança, e a autoridade, pautada na relação primária, protegendo sua função no que pertine ao ato, regime do qual decorria a impertinente duplicidade de defesas do ato, com os mesmos argumentos. A solucionar esta questão, atribuindo maior celeridade ao rito, a Lei nº 1.533/51 suprimiu a sujeição processual da pessoa jurídica, que, para que se mantenha sua submissão à coisa julgada, sustentando ao mandado de segurança os mesmos efeitos da legislação anterior, passou a ser substituída processual da autoridade;

8. O art. 3º da Lei nº 4.348/64, quer na sua redação original, quer na dada pela Lei nº 10.910/04, bem como o art. 9º da Lei nº 12.016/09, não indicam intimação da pessoa jurídica para compor o polo passivo da lide nem chamam a representação judicial ao processo para defesa desta, mas sim determinam a intimação da representação judicial para auxílio técnico à autoridade na defesa do ato;

9. Embora não seja parte, a pessoa jurídica é substituída processual e terceira interessada, razão pela qual pode comparecer, facultativamente, como assistente litisconsorcial, e interpor recursos, sendo sua integração à lide expressamente facultada pelo art. 7º, II, da Lei nº 12.016/09;

10. São admitidas teses jurídicas divergentes entre a autoridade e a pessoa jurídica, embora a ocorrência indique desídia daquela, que em sua posição funcional tem o dever de observar as teses jurídicas desta. Neste caso, predominam as alegações da pessoa jurídica, eis que em conformidade com a posição institucional e elaboradas por profissionais juridicamente habilitados;

11. Não são admitidas configurações de fatos divergentes entre a autoridade e a pessoa jurídica, pois se pressupõe que aquela tem contato direto e pleno com os fatos objeto da ação, sendo dela a versão mais digna de crédito;

12. A sentença do mandado de segurança é mandamental e tem como efeitos ordem direta à autoridade para cumprimento *in natura*. Os efeitos que eventualmente atingem a pessoa jurídica são reflexos;

13. Em caso de descumprimento da ordem pela autoridade, as medidas cominatórias e sancionatórias recaem diretamente sobre a personalidade física da autoridade, visto que, nesta hipótese, a posição funcional não é suficiente à efetividade da sentença, além do que a autoridade, ao desobedecer à ordem, se despe de tal posição. A relação jurídica que se instaura é diretamente entre o impetrante e a personalidade física daquele que ocupa a posição de autoridade no momento do descumprimento, para que esta volte a se adequar à posição funcional e cumpra a decisão. Esta relação que decorre do descumprimento não se confunde com a relação entre o particular e a pessoa jurídica para reparação de danos causados por seus agentes, nem com aquela entre esta e a personalidade física da autoridade, que tem por objeto a reparação de danos em regresso;

14. A colocação da autoridade como parte e substituta processual influi em diversas outras questões, tais como: a natureza das informações e a defesa no processo; importância da correta indicação da autoridade e consequências do erro: competência funcional absoluta; celeridade na defesa e no rito; celeridade e efetividade no cumprimento da decisão judicial;

15. Autoridade coatora será aquela responsável pelo ato coator, que detenha competência sobre ele, para corrigi-lo, sustá-lo, praticá-lo ou abster-se de fazê-lo, quem quer que seja, "autoridade pública ou agente de pessoa jurídica no exercício de atribuições do Poder Público", "os administradores ou representantes das entidades autárquicas e das pessoas naturais ou jurídicas com funções delegadas do poder público, somente no que entende com essas funções", de quaisquer dos Poderes da República. Será autoridade coatora aquele com competência para decidir acerca do ato, não o mero executor que sobre este não tenha controle;

16. Estar a autoridade no exercício de atividade vinculada não a exime de responder pelo mandado de segurança, não significa que não tenha competência para decidir sobre o ato. Competência e vinculação não são excludentes. Pouco importa a falta de opção discricionária, pois "decidir" aí não é termo utilizado em sentido estrito, mas apenas para diferenciar o efetivo praticante do ato, aquele que tem competência acerca dele, do mero executor material;

17. Será parte no processo a autoridade competente sobre o ato, não no momento da ação ou omissão, mas no momento da impetração, vale dizer, aquele que no momento da formação da relação processual tiver poderes e responsabilidade para praticar e, consequentemente, corrigir o ato será o sujeito do mandado de segurança;

18. Se tem competência sobre o ato, tem também competência para desfazê-lo mediante ordem judicial, ainda que a estrutura interna atribua o controle interno a outro órgão. A competência para desfazer o ato, se ilegal ou abusivo, é implícita na competência para fazer, está no âmbito da autotutela, que é exercida não só pela autoridade superior, como também por aquela que pratica o ato, como se depreende do art. 56 da Lei do Processo Administrativo Federal, que prevê expressamente a possibilidade de reconsideração por aquele competente para a prática do ato;

19. Há fraude à garantia constitucional do mandado de segurança quando há desvio de poder na atribuição de competência administrativa, para, ao invés de atender aos fins de eficiência que norteiam a desconcentração, dificultar o acesso à justiça pela via do mandado de segurança. Este fenômeno Lúcia Valle Figueiredo chama de competência *ad hoc*;

20. Sendo a autoridade coatora incompetente no momento da prática do ato, esta incompetência por si só é causa de concessão da segurança, configurado vício em um dos elementos ou pressupostos do ato, que, embora convalidável em tese, não pode ser sanado após impugnação do interessado, que se dá via impetração. Em caso de usurpação de função, a rigor, não há ato coator de autoridade, não cabendo mandado de segurança, desde algum agente público não exija observância do ato usurpado. Se assim ocorrer, o mandado é cabível em razão de desvio de poder, contra tal agente e tendo por objeto ato deste, mas não contra o usurpador nem tendo por objeto o ato inexistente. Na hipótese de desvio de poder, embora o coator não esteja no âmbito de sua competência, mas seja compatível com a competência de outro órgão, e respectivo agente, a parte no mandado de segurança será aquele que se valeu irregularmente de sua competência para praticar o ato e tem o dever de corrigi-lo, não aquele efetivamente competente, que nada teve a ver com o ocorrido. Por fim, se o caso é de funcionário de fato, o agente ocupa a posição funcional, mas irregularmente. No entanto, em atenção à boa-fé e ao interesse público, o ato é considerado válido. Dessa forma, neste caso, não há, a rigor, vício algum;

21. Todos os critérios e limites de competência devem ser levados em conta tanto na apuração da validade do ato quanto na determinação da autoridade coatora;

22. Os limites hierárquicos devem ser observados, mas sua rigidez apresenta exceção, nos casos de delegação e avocação legalmente admitidos, bem como nos de revisão dos atos dos subordinados;

23. Se no momento da impetração a autoridade estiver no exercício de competência delegada ou avocada pertinente ao ato coator, será ela mesma a impetrada, não a delegante ou a sujeita à avocação. Não obstante, como a delegação e a avocação são deslocamentos de todo o regime jurídico pertinente ao ato, este deslocamento implica também no deslocamento da

competência jurisdicional para fins de mandado de segurança. Assim, para fins de competência jurisdicional, o que importa é a competência administrativa do delegante ou do avocado. Se ocorrer avocação e delegação no curso do processo, a legitimidade passiva deve ser deslocada, por iniciativa de qualquer das partes ou do juiz, como uma espécie de sucessão processual. Isso, porém, sem mudança de competência jurisdicional, pelas razões já expostas;

24. O poder de revisão dos atos dos subordinados influi na sujeição passiva do *writ* porque, em razão dele, a impetração em face do superior da autoridade competente não leva à ilegitimidade passiva, já que aquele tem competência para controlar a legalidade dos atos dos subordinados e anulá-los e, portanto, para conhecer do ato coator e bem cumprir a segurança eventualmente concedida. Daí se extrai o fundamento de Direito Administrativo da chamada teoria da encampação, que só se aplica se a autoridade equivocadamente indicada for o superior hierárquico daquela efetivamente competente, salvo, excepcionalmente, quando, com base no art. 12 da Lei nº 9.784/99, houver delegação a autoridade fora da relação de hierarquia. Neste caso, a impetração contra o delegante e não o delegado não implica vício, porque, conforme o art. 14, §2º, da mesma lei, o delegante pode retomar sua competência a qualquer tempo, até mesmo para responder ao mandado de segurança;

25. O vício de incompetência material é o mais grave, visto que esta é intrínseca ao objeto do ato. O agente, em regra, sequer detém habilidades técnicas e materiais para a sua prática. Por isso diz-se que o vício por violação dos limites de competência material é insanável. Dessa forma, em regra, o erro cometido quanto a ela na indicação da autoridade coatora não admite encampação, nem mesmo saneamento pelo juiz, com substituição da autoridade indicada pela correta, sendo inevitável a extinção do processo sem apreciação do mérito;

26. A ofensa aos limites de competência territorial leva também a vício absoluto da competência jurisdicional, em prejuízo ao impetrante;

27. Pode ocorrer, após a prática do ato coator ou a impetração, a mudança de competência administrativa para fins de eficiência, caso em que, ainda que disso decorra mudança da competência jurisdicional, esta deve ser observada e não

haverá vício. Não se confunde com o caso da competência *ad hoc*, em que a mudança de competência decorre de desvio de finalidade. Outra hipótese de mudança de competência administrativa que leva, eventualmente, à mudança de competência jurisdicional: impetrado mandado de segurança concomitantemente ao recurso administrativo, com ou sem efeito suspensivo, a competência administrativa se desloca para autoridade que decidirá ou decidiu o recurso, podendo deslocar também a competência jurisdicional. Não obstante, pensamos que a hipótese é meramente teórica, visto que o ajuizamento de ação judicial com o mesmo objeto de recurso administrativo leva à perda do objeto deste e à preclusão lógica, dada a prevalência da esfera judicial sobre a administrativa;

28. Na hipótese de inexistência de declaração expressa de competência na lei, considera-se que não houve desconcentração, vale dizer, a competência residual é exercida pelo chefe do Poder, autoridade máxima da organização administrativa. Não obstante, isso pode ser mudado por lei, o que ocorre na esfera Federal, art. 17 da Lei nº 9.874/99;

29. Entre as hipóteses específicas de definição da autoridade conforme o ato coator, temos: para atos colegiados, serão autoridades coatoras os componentes do colegiado, que na prática são representados pelo presidente do órgão, mediante delegação; para os complexos, será autoridade coatora parte no processo apenas uma ou outra das autoridades, independentemente de qual delas pratica o ato final, ou ambas, conforme sejam ilegais ou não seus atos individuais; para os compostos e os de controle, se o ato estiver perfeito, a coatora é a controladora, que homologou mal, ainda que a autoridade que praticou o ato já tenha cometido ilegalidade; se o ato não estiver perfeito e, ainda antes de homologado, for idôneo a ameaçar lesão, caberá o *writ* contra aquele que o praticou; para os procedimentos administrativos, se for ato singular, a autoridade que o praticou monocraticamente é coatora, ainda que seja membro de colegiado; se for ato colegiado, a solução é a dada para este tipo de ato; para recurso hierárquico, será o superior que endossa a medida do subordinado; para julgamentos dos "Tribunais Administrativos", será o praticante do ato, não o julgador; no caso de retenção de tributos, será coator o agente do sujeito tributário ativo, sendo o retentor mero executor; nos casos de tributos parafiscais, com delegação da capacidade tributária

ativa a terceiros, a autoridade é a vinculada à pessoa jurídica delegada, não à titular da competência tributária;

30. No caso de indicação errônea da autoridade, se o erro decorre de entendimento totalmente equivocado do impetrante, cabe extinguir o processo sem apreciação do mérito. Se decorre de mera confusão escusável quanto à estrutura dos órgãos da Administração pertinentes, deve o juiz sugerir a autoridade correta à parte e intimá-la para que se manifeste, concordando ou não com a sugestão;

31. Não sanado o vício nem extinto o processo sem apreciação do mérito, temos as seguintes consequências: prejuízo aos princípios do contraditório e da ampla defesa, maculando todo o processo, por não manifestação e participação no processo da autoridade competente; incompetência jurisdicional absoluta, com prejuízo ao devido processo legal e ao juiz natural, que afeta o impetrante, na medida em que o prosseguimento de um processo sob juiz absolutamente incompetente pode levar à nulidade do processo e, o que é pior, de decisões legitimamente favoráveis ao impetrante, via recurso ou mesmo ação rescisória; o prosseguimento do processo contra autoridade incompetente administrativamente acerca do ato leva à inefetividade plena da ação, dada a falta de competência do sujeito passivo para cumprir a sentença.

Concluímos, pois, ter sido alcançado o objetivo traçado para esta pesquisa, de propor ao problema da sujeição passiva no mandado de segurança e sua relação com a autoridade coatora uma solução que leve ao seguro e efetivo manejo desta ação constitucional, com a correta indicação da autoridade coatora ou sua correção, quando possível, evitando-se os graves problemas que possam decorrer de equívocos na indicação de sua parte passiva.

Referências

ALEXY, Robert. *Teoria de los derechos fundamentales*. Trad. Ernesto Garzón Vladés. 2. ed. Madrid: Centro de Estudos Constitucionales, 2007.

ALVIM, Eduardo Arruda. *Mandado de segurança no direito tributário*. São Paulo: Revista dos Tribunais, 1997.

AURELLI, Arlete Inês. *O juízo de admissibilidade na ação de mandado de segurança*. São Paulo: Malheiros, 2006.

BANDEIRA DE MELLO, Celso Antônio. *Apontamentos sobre os agentes e órgãos públicos*. 4. tiragem. São Paulo: Revista dos Tribunais, 1984.

BANDEIRA DE MELLO, Celso Antônio. Ato coator. *In*: FERRAZ, Sergio (Org.). *Cinqüenta anos de mandado de segurança*. Porto Alegre: S. A. Fabris, 1986.

BANDEIRA DE MELLO, Celso Antônio. *Curso de direito administrativo*. 21. ed. São Paulo: Malheiros, 2006.

BANDEIRA DE MELLO, Celso Antônio. *Curso de direito administrativo*. 25. ed. São Paulo: Malheiros, 2008.

BARBI, Celso Agrícola. *Do mandado de segurança*. 7. ed. Rio de Janeiro: Forense, 1993.

BASTOS, Celso Ribeiro. As modernas formas de interpretação constitucional. *Jus Navigandi*, Teresina, ano 3, n. 27, dez. 1998. Disponível em: <http://jus2.uol.com.br/doutrina/texto.asp?id=89>. Acesso em: 20 mar. 2009.

BASTOS, Celso Ribeiro. *Do mandado de segurança*. 2. ed. São Paulo: Saraiva, 1982.

BEDAQUE, José Roberto dos Santos. Pressupostos processuais e condições da ação. *Revista da Procuradoria Geral do Estado de São Paulo*, São Paulo, n. 35, jun. 1991.

BOCHENEK, Antônio César. A autoridade coatora e o ato coator no mandado de segurança individual. *In*: BUENO, Cassio Scarpinella; ALVIM, Eduardo Arruda; WAMBIER, Teresa Arruda Alvim (Coord.). *Aspectos polêmicos do mandado de segurança*: 51 anos depois. São Paulo: Revista dos Tribunais, 2002.

BUENO, Cassio Scarpinella. *Mandado de segurança*: comentários às Leis n. 1.533/51, 4.348/64 e 5.021/66. 3. ed. São Paulo: Saraiva, 2007.

BUZAID, Alfredo. *Do mandado de segurança individual*. São Paulo: Saraiva, 1989.

CAIS, Cleide Previtalli. *O processo tributário*. 4. ed. São Paulo: Revista dos Tribunais, 2004.

CAVALCANTI, Themistocles Brandão. *Do mandado de segurança*. 4. ed. Rio de Janeiro: Freitas Bastos, 1957.

CINTRA, Antônio Carlos de Araújo; GRINOVER, Ada Pellegrini; DINAMARCO Cândido Rangel. *Teoria geral do processo*. 17. ed. São Paulo: Malheiros, 2001.

COELHO, Fábio Ulhoa. *Manual de direito comercial*. 14. ed. São Paulo: Saraiva, 2004.

COSTA, Regina Helena. Anotações sobre os sujeitos do mandado de segurança em matéria tributária. *In*: BUENO, Cassio Scarpinella; ALVIM, Eduardo Arruda; WAMBIER, Teresa Arruda Alvim (Coord.). *Aspectos polêmicos do mandado de segurança*: 51 anos depois. São Paulo: Revista dos Tribunais, 2002.

COSTA, Suzana Henriques da. *Condições da ação*. São Paulo: Quartier Latin, 2005.

CRETELLA JÚNIOR, José. *Comentários à lei do mandado de segurança*. 12. ed. Rio de Janeiro: Forense, 2002.

CRUZ, Luana Pedrosa de Figueiredo. Legitimidade passiva em mandado de segurança contra ato jurisdicional. *In*: BUENO, Cassio Scarpinella; ALVIM, Eduardo Arruda; WAMBIER, Teresa Arruda Alvim (Coord.). *Aspectos polêmicos do mandado de segurança*: 51 anos depois. São Paulo: Revista dos Tribunais, 2002.

DALLARI, Adilson Abreu. A autoridade coatora. *In*: BANDEIRA DE MELLO, Celso Antônio (Coord.). *Curso de mandado de segurança*. São Paulo: Revista dos Tribunais, 1986.

DI PIETRO, Maria Sylvia Zanella. *Direito administrativo*. 14. ed. São Paulo: Atlas, 2002.

DI PIETRO, Maria Sylvia Zanella. *Direito administrativo*. 21. ed. São Paulo: Atlas, 2008.

DI PIETRO, Maria Sylvia Zanella. Mandado de segurança: ato coator e autoridade coatora. *In*: GONÇALVES, Aroldo Plínio (Coord.). *Mandado de segurança*. Belo Horizonte: Del Rey, 1996.

DIDIER JR., Fredie. Natureza jurídica das informações da autoridade coatora no mandado de segurança. *In*: BUENO, Cassio Scarpinella; ALVIM, Eduardo Arruda; WAMBIER, Teresa Arruda Alvim (Coord.). *Aspectos polêmicos do mandado de segurança*: 51 anos depois. São Paulo: Revista dos Tribunais, 2002.

DIDIER JR., Fredie; BRAGA, Paula Sarno; OLIVEIRA, Rafael. *Curso de direito processual civil*. Salvador: JusPodivm, 2007. v. 2.

DIDIER JR., Fredie; ZANETI JR., Hermes. *Curso de direito processual civil*. 3. ed. Salvador: JusPodivm, 2008. (Processo coletivo, v. 4).

DINAMARCO, Cândido Rangel. *Instituições de direito processual civil*. 2. ed. São Paulo: Malheiros, 2002. v. 1.

DINAMARCO, Cândido Rangel. *Instituições de direito processual civil*. 3. ed. São Paulo: Malheiros, 2003. v. 2.

DINAMARCO, Cândido Rangel. *Manual de direito processual civil*. 2. ed. Rio de Janeiro: Forense, 1986.

Referências | 175

DINAMARCO, Cândido Rangel. *Nova era do processo civil*. 2. ed. São Paulo: Malheiros, 2007.

DIREITO, Carlos Alberto Menezes. *Manual do mandado de segurança*. 4. ed. Rio de Janeiro: Renovar, 2003.

FERNANDES, Antônio Scarance. *Processo penal constitucional*. 4. ed. São Paulo: Revista dos Tribunais, 2005.

FERRAZ, Sergio. *Mandado de segurança*. 3. ed. São Paulo: Malheiros, 2006.

FIGUEIREDO, Lúcia Valle. Autoridade coatora e sujeito passivo. *In*: FERRAZ, Sergio (Org.). *Cinqüenta anos de mandado de segurança*. Porto Alegre: S. A. Fabris, 1986.

FIGUEIREDO, Lúcia Valle. *Mandado de segurança*. 5. ed. São Paulo: Malheiros, 2004.

FRANCO, Fernão Borba. Execução de sentença "mandamental" e de obrigação de fazer: possibilidade de prisão como meio coercitivo. *In*: BUENO, Cassio Scarpinella; ALVIM, Eduardo Arruda; WAMBIER, Teresa Arruda Alvim (Coord.). *Aspectos polêmicos do mandado de segurança*: 51 anos depois. São Paulo: Revista dos Tribunais, 2002.

FREIRE, Rodrigo de Cunha Lima. *Condições da ação*: enfoque sobre o interesse de agir no direito processual civil brasileiro. São Paulo: Revista dos Tribunais, 2000.

GARCÍA DE ENTERRÍA, Eduardo; FERNÁNDEZ, Tomás-Ramón. *Curso de derecho administrativo*. Buenos Aires: La Ley, 2006. v. 1.

GORDILLO, Agustín. *Tratado de derecho administrativo*. 6. ed. Belo Horizonte: Del Rey, 2003. (El acto administrativo, t. III).

GRAU, Eros Roberto. *A ordem econômica na Constituição de 1988*. 11. ed. São Paulo: Malheiros, 2006.

GRECO FILHO, Vicente. *Direito processual civil brasileiro*. 15. ed. São Paulo: Saraiva, 2000. v. 1.

GRECO FILHO, Vicente. *Direito processual civil brasileiro*. 16. ed. São Paulo: Saraiva, 2003. v. 3.

LIEBMAN, Enrico Tullio. *Mannuale di direito processuale civile*. Trad. bras. de Cândido Rangel Dinamarco. 2. ed. Rio de Janeiro: Forense, 1986.

LOPES, João Batista. Sujeito passivo no mandado de segurança. *In*: BUENO, Cassio Scarpinella; ALVIM, Eduardo Arruda; WAMBIER, Teresa Arruda Alvim (Coord.). *Aspectos polêmicos do mandado de segurança*: 51 anos depois. São Paulo: Revista dos Tribunais, 2002.

MACIEL, Adhemar Ferreira. Observações sobre autoridade coatora no mandado de segurança. *In*: TEIXEIRA, Sálvio de Figueiredo (Coord.). *Mandado de segurança e injunção*. São Paulo: Saraiva, 1990.

MEIRELLES, Hely Lopes. *Direito administrativo brasileiro*. 29. ed. São Paulo: Malheiros, 2004.

MEIRELLES, Hely Lopes. *Mandado de segurança, ação popular, ação civil pública, mandado de injunção e "habeas data"*. 17. ed. São Paulo: Malheiros, 1996.

MEIRELLES, Hely Lopes. *Mandado de segurança, ação popular, ação civil pública, mandado de injunção e "habeas data"*. 25. ed. São Paulo: Malheiros, 2003.

MENDES, Leonardo Castanho. A legitimidade passiva da autoridade coatora no mandado de segurança. *In*: BUENO, Cassio Scarpinella; ALVIM, Eduardo Arruda; WAMBIER, Teresa Arruda Alvim (Coord.). *Aspectos polêmicos do mandado de segurança*: 51 anos depois. São Paulo: Revista dos Tribunais, 2002.

MUTA, Luis Carlos Hiroki. *Direito constitucional*. Rio de Janeiro: Elsevier, 2007. t. I.

OLIVEIRA, Eduardo Ribeiro de. Recursos em mandado de segurança. *In*: TEIXEIRA, Sálvio de Figueiredo (Coord.). *Mandado de segurança e injunção*. São Paulo: Saraiva, 1990.

PISTILLI, Ana de Lourdes Coutinho Silva. *Mandado de segurança e coisa julgada*. São Paulo: Atlas, 2006.

PONTES DE MIRANDA, Francisco Cavalcanti. *Comentários ao Código de Processo Civil*. Rio de Janeiro: Forense, 1974. t. I.

PONTES DE MIRANDA, Francisco Cavalcanti. *Tratado das ações*. São Paulo: Revista dos Tribunais, 1970. v. 4.

REMÉDIO, José Antonio. *Mandado de segurança individual e coletivo*. São Paulo: Saraiva, 2002.

SANTOS, Moacyr Amaral. Natureza jurídica do mandado de segurança. *Arquivos do Ministério da Justiça*, Brasília, v. 29, n. 144, jun. 1970.

SIDOU, Othon. *Habeas corpus, mandado de segurança, mandado de injunção, habeas data, ação popular*: as garantias ativas dos direitos coletivos. 6. ed. Rio de Janeiro: Forense, 2002.

SILVA, Ovídio A. Baptista da. *Curso de processo civil*. 5. ed. São Paulo: Revista dos Tribunais, 2002.

TUCCI, Rogério Lauria. *Do mandado de segurança contra ato jurisdicional penal*. São Paulo: Saraiva, 1978.

VIDIGAL, Luis Eulálio de Bueno. *Do mandado de segurança*. São Paulo: [s.n.], 1953.

WALD, Arnoldo. *Do mandado de segurança na prática judiciária*. 5. ed. Rio de Janeiro: Forense, 2006.

WATANABE, Kazuo. *Da cognição no processo civil*. Campinas: Bookseller, 2000.

Índice de Assuntos

página

A

Ação 160
- Cautelar 33
- Conhecimento, de 33
- Executiva 33
- Sumária 25
Administração Pública 138
Agente
- Coator 106
- Público
- - Conceito 97
Ato(s)
- Administrativos 59, 64-65
- - Coligados 67
- - Complexos 66
- Autoridade, de 57, 58, 127
- - Exercício de atividade
  vinculada 168
- - Indicação errônea 172
- Bilateral 58
- Coator
- - Legitimidade 111
- Complexos 151, 153
- Controle, de
- - Coator 153
- Direito privado 60
- Legislativo 72
- Políticos 67, 68
- Unilateral 58
- Vinculado 132
Autoridade coatora 92, 93, 127,
               150, 153, 156-157, 162, 165
- Identificação 161

página

C

Certidões conjuntas
- Autoridade competente 152
- Regularidade fiscal
- - Tributos federais 152
Coator 130
Condições da ação 40, 41
- Defesa 41
- Teorias
- - Asserção 41
- - Representação 41
Consequências da incorreção 159
- Competência jurisdicional............160
- Informações 159

D

Decisão executiva 36
Decisão mandamental 35, 36
- Execução direta 35
Decisões judiciais 70
Direito administrativo
- Princípios 21
Direito de ação 32, 51
- Direito material do autor 32
Direito líquido e certo 55
- Conceito 53
Direito positivo
- Evolução histórica 25
Direito processual constitucional
- Jurisdição constitucional..............19
- Princípios 19

E

Entes Públicos
- Agentes 137

F

Fatos jurídicos 61
Função
- Usurpação 136

G

Garantias do devido processo legal ... 19

H

Habeas corpus 25, 27, 56, 85, 110
- Doutrina brasileira 26
- Parte passiva 95
- Sujeição passiva da autoridade 112
Habeas data 56
- Mandado de segurança 57

I

Ilícito 135
Imperatividade 59
Incompetência material
- Vício 147, 170
Interesse de agir 43
- Adequação 44
- Necessidade 43
Interesse de agir
- Conceito 43
Interesse processual 44
- Necessidade efetiva do processo 44
Interna corporis 74, 75
- Atos
- - Controle jurisdicional 73

L

Legitimação extraordinária 47, 48
- Legitimação autônoma 47
- - Legitimidade autônoma
    concorrente 47, 48

- - Legitimidade autônoma
    exclusiva 47
- Legitimação subordinada 47
Legitimidade processual
- Ad causam 45, 50
- Ad processum 50
Limite(s) hierárquico(s) 169
- Avocação 141
- Delegação 141
- Encampação 145
- Revisão 143
Limite material 146
Limite territorial 147
- Ato
- - Invalidade 147
Litisconsórcio 86, 87, 89, 92, 109, 120

M

Mandado de segurança 22, 25,
                        37, 39, 107, 110, 148
- Atos partidários 79
- Autoridade no processo 103
- Cabimento 73
- Caráter constitucional 17
- Conceito 53, 17, 18
- - Análise 53-55
- Concessão 28, 29
- Correntes 38
- Descabimento 72
- Devido processo legal
- - Regras processuais 158
- Direito líquido e certo 29
- Direito positivo
    infraconstitucional 22
- Fraude 169
- Garantia constitucional 155
- Habeas corpus 13, 28
- Habeas data 13
- Legislação 29
- Legitimidade passiva 155

Índice de Assuntos | 179

- Modelo constitucional...119		Processo civil...157

- Modelo constitucional...119
- Polo passivo...159
- Presentação...88
- Providências...161
- Recurso cabível...70
- Regime legal...24
- Relações jurídicas
- - Primárias...127, 166
- - Secundárias...128, 166
- Remédio constitucional...33, 56
- Sentença...129
- Sentença mandamental...167
- Sujeição passiva
- - Autoridade coatora...165
- Sujeito passivo...126
Mutatis mutandis...125

P
Pessoa jurídica...89, 119, 127
- Comparência da parte...88
- Defesa...114
- Estado...98
- Intimação
- - Polo passivo de lide...167
- Parte...86
- Substituição processual...88
- Sujeição passiva...87
Poder Público
- Atos unilaterais...59
- Competência administrativa...138
Possibilidade jurídica do pedido...42
Presentação...102
Prima facie...77
Princípio constitucional
- Tutela jurisdicional efetiva...69

Processo civil...157

R
Regimes constitucionais
sucessivos...112
Remédios constitucionais...20
Remédios possessórios...26

S
Situação diversa...137
Substituição processual...49, 91
Sujeição material da autoridade...123
Sujeição passiva...110
Sujeição passiva da autoridade...103
Sujeito passivo...84

T
Tese da autoridade...86
Tutela cognitiva condenatória...34
Tutela cognitiva declaratória...34
Tutela(s) cognitiva(s)
- Corrente quinária...34
- - Tutela mandamental...34
- Corrente ternária...34
- Teoria quinária...36
- Teoria ternária...36
- - Sentenças mandamentais...36

V
Via mandamental...58

W
Writs...85
- Sujeição passiva da autoridade...112

Índice da Legislação

página

C

Código Civil
- art. 1.314 48
Código Comercial
- art. 527 48
Código de Processo Civil 118, 85
- art. 6º 45
- art. 7º 50
- art. 8º 50
- art. 12
- - inc. I 50
- - inc. II 50
- - inc. III 46
- - inc. IV 46
- - inc. V 46
- - inc. VII 46
- - inc. IX 46
- art. 14
- - inc. I 114
- - inc. II 114
- art. 188 114
- art. 295
- - inc. I 41
- - inc. II 41
- - parágrafo único..............................41
- art. 329 41
- art. 367
- - §3º...40
Código de Processo Civil (1939) 120
Constituição Federal (1891)
- art. 72
- - §22..26

página

Constituição Federal (1934)
- art. 113
- - §33...25, 27
Constituição Federal (1967)
- art. 153
- - §21..28
Constituição Federal (1988)
- art. 1º
- - §1º..58
- art. 5º
- - §1º..23
- - inc. XXXV...................................20, 69
- - inc. LIV..69
- - inc. LXVII...56
- - inc. LXVIII..56
- - inc. LXIX 15, 17, 28, 100, 113
- - inc. LXX..17
- art. 6º
- - §3º...123, 126
- art. 22
- - inc. I 23
- art. 24
- - inc. XI 23
- art. 37
- - §6º.................................106, 123, 126
- art. 102
- - inc. I
- - - alínea "d"....................................100
- art. 105
- - inc. I
- - - alínea "b" 100
- art. 108

	página		página
- - alínea "c"	100	Lei nº 6.071/1974	28
- art. 109		Lei nº 6.978/1982	28, 78
- - inc. VIII	100	Lei nº 7.969/1989	29
- art. 114		Lei nº 8.076/1990	29
- - inc. IV	100	Lei nº 8.112/1990	
- art. 131	51, 112	- art. 16	
- art. 132	51, 112	- - inc. I	118

D

Decreto nº 1.939/1908 26
Decreto-Lei nº 6/1937 27

L

Lei Complementar nº 35/1979 28
Lei nº 191/1936 ....27, 81, 120
Lei nº 221/1894 25
Lei nº 1.531/1951
- art. 1º 17
Lei nº 1.533/1951 ...28, 52, 58, 81, 82, 102,
108, 109, 110, 111, 121, 128, 144, 166
- art. 1º 76
- - §1º 78, 103
- - §2º 49
- art. 2º 103
- art. 3º 48
- art. 5º
- - inc. II...70
- art. 7º 89, 103
- art. 11 103
- art. 12 ....88, 116
- art. 19 93
Lei nº 2.770/1956 28
Lei nº 4.348/1964 ....28, 52, 82
- art. 3º...28, 82, 89, 116, 117, 118, 128, 167
Lei nº 4.357/1964 28
Lei nº 4.717/1965
- art. 1º 48
Lei nº 4.862/1965 28
Lei nº 5.021/1966 ....28, 52
Lei nº 6.014/1973 28

Lei nº 8.429/1992
- art. 16 48
- art. 17 48
Lei nº 8.437/1992 29
Lei nº 9.139/1995
- art. 588
- - *caput* 72
Lei nº 9.259/1996 ....29, 58
Lei nº 9.507/1997 56
Lei nº 9.784/1999
- art. 11 141
- art. 12 ....141, 170
- art. 13 142
- art. 14
- - §3º..142
- art. 15 142
- art. 17 150
- art. 53 142
- art. 56 142
- - §1º..142
Lei nº 9.874/1999
- art. 17 171
Lei nº 10.910/2004 ....29, 82, 89,
117, 120, 128, 167
Lei nº 11.187/2005 72
Lei nº 11.232/2005 ....37, 39
Lei nº 12.016/2009 .... 14, 28, 29,
49, 52, 77, 82, 83, 103, 107, 109,
110, 112, 117, 118, 119, 126
- art. 1º
- - §1º..58, 78
- - §3º..49
- art. 2º 128

Índice da Legislação

página

- art. 5º
- - inc. II 70
- - inc. III 72
- art. 6º 29, 82
- art. 7º 82, 128
- - inc. I 29
- - inc. II 30, 119, 125, 146
- art. 9º 30, 82, 146, 167
- art. 12 145

página

- art. 13 .... 30, 82
- art. 14 82
- - §1º 30
- - §2º 30, 116, 145

M

Medida Provisória nº 2.180-35/2001...29

S

Súmula nº 510 143

ÍNDICE ONOMÁSTICO

página

A

Alvim, Eduardo Pellegrini Arruda... 87, 88, 102, 113

Americano, Jorge................................86

Aurelli, Arlete Inês..........38, 39, 42, 47, 72, 87, 100, 101, 115

B

Bandeira de Mello, Celso Antônio... 59, 60, 61, 68, 76, 77, 97, 103, 106, 138, 147

Barbi, Celso Agrícola.............38, 49, 53, 58, 59, 84, 87, 89, 99, 100, 101, 110, 114, 118, 120

Barros, Hamilton Moraes e..........84, 86

Bastos, Celso Ribeiro... 18, 24, 38, 90, 119

Bochenek, Antônio César.................156

Braga, Paula Sarno.............................35

Bueno, Cassio Sacapinella...........17, 22, 23, 54, 89, 119, 153

Buzaid, Alfredo..............26, 89, 103, 121

C

Cais, Cleide Previtalli.....40, 44, 48, 118

Carvalho, Bulhões de.........................84

Cavalcanti, Themistocles Brandão...84, 86

Cintra, Antônio Carlos de Araújo....19, 45

Coelho, Fábio Ulhoa..................46, 102

Costa, Coqüeijo.................................86

Costa, Lopes da 84, 86

Costa, Regina Helena.......................154

Cretella Júnior, Nelson 92, 123

página

Cruz, Luana Pedrosa de Figueiredo...........................89, 107

D

Dallari, Adilson Abreu 103, 120, 132, 133, 150, 153, 161

Didier Jr., Fredie..........................35, 124

Direito, Carlos Alberto Menezes......38, 39, 74, 78, 154, 156, 160

Dias, Aguiar.......................................86

Dinamarco, Cândido Rangel...........19, 34, 45, 87

Di Pietro, Maria Sylvia Zanella........20, 58, 59, 136, 149

F

Fagundes, Miguel Seabra..................86

Fernández, Tomás-Ramón.........68, 139

Ferraz, Sergio..................63, 64, 85, 102, 112, 114, 115, 131, 153, 155

Figueiredo, Lúcia Valle........75, 89, 119, 131, 133, 135, 148, 149, 153, 154, 155, 169

G

García de Enterría, Eduardo......68, 139

Gordillo, Agustín.................62, 146, 147

Grau, Eros...24

Greco Filho, Vicente.....................87, 94

Grinover, Ada Pellegrini 19, 45

Guimarães, Ari Florêncio............84, 86

L

Liebman, Enrico Tullio......................32

página

M
Maciel, Adhemar Ferreira 156
Meirelles, Hely Lopes 62, 63, 74, 75, 84, 86, 87, 92, 96, 106, 116, 124, 130, 131, 149, 150, 153, 155, 161
Mendes, Antônio Carlos 156, 157
Mendes, Leonardo Castanho 86, 94, 100, 107, 108, 116, 123
Mesquita, Ignácio Botelho 87
Moraes, Márcio José 156, 157, 158
Moreira, José Carlos Barbosa 87

N
Nunes, Castro 84, 87

O
Oliveira, Rafael 35

P
Pacheco, José da Silva 87
Pargendler, Ari 154
Pistilli, Ana de Lourdes 36, 38
Pontes de Miranda, Francisco Cavalcanti 34, 36, 84, 85, 86, 87, 88, 102

página

Prade, Péricles 156

S
Santos, Moacyr Amaral 87, 88, 91
Sidou, Othon 84, 94
Silva, Ovídio Batista da 36
Souza, Sebastião 84

T
Teixeira, Sálvio de Figueiredo 87
Tucci, Rogério Lauria 91

V
Vidigal, Luis Eulálio de Bueno ... 84, 85, 86, 91, 92, 123
Velloso, Carlos Mário da Silva 87

W
Wald, Arnoldo 38
Watanabe, Kazuo 41

Z
Zaneti Jr., Hermes 124

Esta obra foi composta em fonte Palatino Linotype, corpo 10
e impressa em papel Offset 75g (miolo) e Supremo 250g (capa)
pela Sermograf Artes Gráficas e Editora.
Petrópolis/RJ, maio de 2011.